# 10年後に活きる人脈のつくり方

自分らしい、幸せな働き方を実現しよう!

河上純二

日本能率協会マネジメントセンター

# はじめに

## いま、皆さんは幸せな働き方をしていますか？

幸せな働き方とは何かを考えたとき、多くの人が以前言っていたのは、所属先の会社で大過なく勤め上げて定年退職を迎えることでした。しかし、それは定年が55歳か60歳までの時代のことです。いまとは違う、かつての定年制度の人たちは、大きな会社に入って出世することが夢でした。

僕と同じ50代の世代が働きはじめた当時、独立を視野に会社選びをするとか、ベンチャーに行く人はあまりいませんでした。人気企業ランキング上位の会社の採用試験を受け、世間に誇れる立派な会社に入って高給取りになることが大方の学生の就職感でした。

それが時代が進むにつれて、就職に関する状況や環境が大きく変わりました。働き方の選択肢が増えたことで多様な働き方ができる一方で、どんな働き方が幸せなのかがよくわからなくなってきています。

僕の頃は「石の上にも三年」などと上司や先輩に言われて転職など考えませんでしたが、厚生労働省の発表によると新卒社員の3割が3年以内で辞めているのが現在の日本です。若い人たちは、自分に合った会社や働き方が就職活動時点ではまだわからないでいるのです。

現在の新卒の人たちだけではありません。コロナ禍により中間管理職の人たちの迷走もはじまっています。日本の経済活動が元気を失い、「失われた20年」や「失われた30年」などと言われているとき、管理職が第一線のプレイングマネジャーとして活動することが急増しました。

僕の場合、ある時期部門長として120人ほどのスタッフを統括していたのですが、競合との競争が厳しくなるに従い、組織が細かく分断されていくような感じで10人から15人単位のチームがつくられ、いくつかの事業単位を任され、最前線で活動しなくてはならなくなりました。
当時は大変でしたが、マネジャーとして社内で明確なポジションがあったので、頑張ることができました。

ポジションがはっきりしていたからなんとかやる気も出せたわけですが、現在のコロナ禍によりテレワークが進めば、メンバーは自律して働かなくてはなりません。そうなると物理的な環境があったからこそ機能していた部長や課長の役割が曖昧になってきます。そこから、中間管理職不要論も言われたりしています。

これまでのような役割の管理職が不要だとすると、プレイングマネジャーは単なるプレイヤーです。マネジメントスキルよりも、実務スキルを磨かなくては生きていけなくなります。それと同時に、人脈も厚くしていかなくてはなりません。

## 僕の成長は人脈が支えてくれた

2021年6月現在、50歳の僕はIT系ベンチャー企業やスタートアップ企業11社の顧問業をしています。独立して5年目を迎えますが、それまではサラリーマンを続けていました。ただ、その間に7回の転職を経験しています。

そのうちでもとくに印象深いのは、30歳を前にしてレイオフされたことです。レイオフなんて海外の話だと他人事に思っていたことが自分の身の上に起きたのです。ショックでした。青天の霹靂が自分の身に起こるとは思ってもみませんでした。1カ月以上も立ち直れなかったほどです。

――これから僕は、どうなるのだろう？

重くのしかかる不安に苛まれていたそのとき、知人が僕を立ち直らせる言葉をかけてくれました。

「うちの会社を手伝ってくれないか？」

Ｗｅｂ系の新規事業の僕の経歴を知っていた彼が、僕に活躍する場を持ってきてくれたのです。

ここから僕の逆転劇がはじまりました。

この頃、ネット関連ビジネスが急速に成長していました。それもＰＣからモバイルへ、そしてスマホへと主戦場がどんどん変化するなかで、新しいことへの挑戦意欲が掻き立てられ、僕もその変化に乗り遅れまいと会社を変えていったのです。

その時々に力になってくれたのが、それまでつながりを持ってきた友人知人の人脈でした。

僕がWebや新規事業の知識や経験があることを知って呼んでくれたり、新しいフィールドを探しているときに面白い活躍の場を紹介してくれたりしたのは、社外活動を通してできた人脈の力だったのです。

仕事で培った僕の知識や経験が少しは買われたことがあったとは思いますが、僕のことを知ってくれている人たちが僕の転機のときに力を貸してくれたことが何よりも大きいと実感しています。

僕の成長を支えてくれたのが、人脈なのです。


そしていま、11社の顧問業として誰からも束縛されず、自分の時間を多く持つことができているのも人脈の力のおかげです。とても幸せな働き方ができていますし、同世代のサラリーマンの平均的な年収よりも多くの報酬を受け取っています。

この幸せな働き方、生き方ができている経緯を振り返ってみると、人との出会いを大切にしてきたからだと総括できます。

知り合ってから10年近くにもなると、その方々がそれぞれの活躍の場で力を発揮され、ステータスをしっかり上げていることで、その恩恵を僕も受けている感じがするのです。

ですから僕がいま、新しく人と出会い、その人との交友を続けていった10年後には、また新たな幸せ人脈が１つ増えているかもしれません。

## 幸せな未来のために、本書を活用してください

人脈ということでは日本人サラリーマンの多くは、社内人脈はそこそこできているのですが、社外人脈が弱い印象を受けます。

社内人脈はキャリアを重ねていくことで自然に構築できますが、仕事以外の社外人脈はなかなかつくるきっかけがないのが、これまでの日本のミドル世代だと思うのです。

若い人たちはＳＮＳで知り合いを広げたりしていますが、中高年の人たちはネットでつながることへの抵抗感もあり、自分を外部に売り込むことへの意識が弱いようです。

しかし、もはや悠長に構えられる時代ではなくなったのです。自分の存在をしっかりと示すこと、そこから自分の成長、自分の幸せな未来を築くためにさまざまな人たちと接点を持つ活動を早く行う必要があるのです。

先にも述べたように、これからの日本の働き方はどんどん多様化していきます。副業もそうですが、僕のようにそれまでのキャリアを活かした顧問のような働き方、独立開業という方法もありますし、これまで所属していた会社を一度離れて、個人事業主として、もとの所属先と契約するという働き方も実際に増えてきています。

組織の一員として働く場合でも、協業がこれから増えていくにあたって、やはり社外人脈は一層必要になってきます。

このように、働き方の多様化がいま目の前に迫ってきています。そうした世の中を柔軟に泳いでいくには、自分を世間に伝える手段が必要になっていきます。言葉は適切でないかもしれませんが、「自分を宣伝する」ということです。

僕は、人脈の力で副業、キャリアチェンジ、独立といった自分の道は自分で切り開くことのお手伝いをしたいと考え、この本を書くことにしました。

そこで本書では、僕がこれまでにいかに人脈に助けてもらってきたか、その経験のなかで気づいた質の良い人脈とは何か、質の良い人脈を築くにはどんなことを心がけ、行動していけばよいのかなどを紹介していきたいと思います。

皆さんが10年後の自分を思い描き、幸せな働き方、生き方をするための出会いを多く持てることのヒントがこの本から1つでも得られれば、筆者として望外の喜びです。

CONTENTS

CONTENTS

## 第2章　幸せづくりの人脈づくり

## 第3章——人脈を棚卸しする

CONTENTS

# 第4章 戦略的人脈のつくり方

## ［ステップ1］商品としての自分を言葉にする

［ステップ2］ オープンマインドの扉を開く



［ステップ3］ 人脈づくりをはじめる

CONTENTS



## 第5章——10年後に活きる人脈のつくり方

# 第1章

# 人生100年時代の働き方で最も大事なこと

## 10年後の自分のために人脈をつくろう

僕の社会人デビューは、大学卒業後に入社した百貨店の丸井です。その後紆余曲折があり、サラリーマン人生の後半は次の職場がすべて人脈によって決まっていきました。まさにそれまでに培ってきた人脈が活きたからこそ、それまでの会社を辞めることになっても、知人に呼ばれて次の会社への新しいチャレンジができたのです。

その当時は意識していませんでしたが、未来の自分が困らない生き方をするには、いろいろな経験を積みながら、生きるため、働くための知識を蓄え、そしてその過程で出会うさまざまな人との関係を大切にする、人脈を大切することが極めて大事なことだとあとで知ることになります。人脈の恩恵を受けてきたことでいまの僕があるのです。だからこそ僕は、この本を読む方にはっきりとそのことをお伝えしたいと思います。10年後の自分が、いまよりも充実していると言えるために、ぜひ、人との出会い、人とのつながりをおろそかにせず、人脈を大切にした毎日をおくることをおすすめします。

本章では、僕自身が経験したこと、そして僕が実際につながりを持ってきた人から学んだ人脈の大切さ、出会いの大切さをお伝えしたいと思います。

## 7回の転職遍歴

僕が人脈の大切さを思うようになったのは、大学を卒業して社会人生活を送るようになってからのいくつかの数奇なキャリアを経験したことからです。そこからまず、はじめさせていただきたいと思います。

大学卒業後に新卒で入社した丸井では4年にわたってお世話になることになりました。僕が学生のときの就職活動で考えたのが、各業界で独自のポジショニングをとっている企業が自分の個性や特性が活かせられるのではないかということでした。マスコミや流通など当時花形の業態のなかでもトップではなく二番手などユニークな会社が面白いと思い、そうした会社ばかり面接を受けました。最終的に百貨店の丸井に入社しました。デザイナーズブランドとかキャラクターブランドが一斉を風靡していた頃です。僕自身はアパレルに興味を持っていたわけではありませんが、当時の丸井は流通業のなかでも特異な業界ポジショニングをとり、そして社風も自由な雰囲気が感じられ、面白そうな人が多そうに見えました。

入社後すぐに東京・池袋店の売り場に配属されました。1年目は何をしていいか全くわからずただ目の前の仕事をこなしていくだけでしたが、すごく仕事のできる先輩に付いたことで成績が急上昇していきました。そのおかげで出世コースに乗り、入社3年目に地方巡業に出されることになりました。静岡の清水店です。ここは当時、全国の丸井41店舗中41位のお店でした。そこで2、3年勤め上げれば本社への栄転が待っています。

## 転機はデジタルクリエイティブとの出会い

独身での単身赴任で時間ができたので、アップルのマッキントッシュでイラストレーターとフォトショップを遊びがてらにはじめました。あの当時、デジタルクリエイティブが注目されるようになったり、松下電器（現パナソニック）が「時代はマルチメディア」というCMを流していたのをはじめ、世間ではマルチメディアというキーワードが注目を集めはじめていました。

清水でこのまま頑張って本社に戻ってバイヤーになるというキャリアもいいけど、マルチメディアの世界も面白そうだなと思いはじめたのです。そのタイミングのときにデジタルハリウッドが本科であるクリエイティブ科の二期生の募集をはじめました。それを受けてみて合格したら丸井を辞めようと決心しました。当時は5倍ほどの試験倍率で、それまでクリエイティブ制作の経験などほとんどなかったのですが、初チャレンジのアクリル絵の具デッサンとつたないデジタル映像作品を試験課題として提出しつつ、持ち前の熱量での面接アピールで何とか合格することができました。それで東京に戻ってきたのが27歳のときです。

学校に通いながら早く一人前になりたいということで、作品をつくって当時話題のモーショングラフィックスの会社に飛び込みで売り込みをかけました。その世界は会社といっても面接とか採用試験ではなく、実力本位で参加できる仕組みでした。僕の場合はド素人に近いので技術レベルでは採用されるはずがないのですが、CD-ROMディスクを持って売り込んできたその勢いが気に入ったということで、学校に席を置きながら当時話題を集めていた人気ディレクターと有名映像ディレクターが率いるクリエイティブユニットで働きはじめました。

僕はそこは会社と思って就職したのですが、「この会社の健康保険はどうなっているんですか？」と聞いたところ、「何、体悪いの？」って言われたんです。それまでサラリーマンだったので、社会保険や福利厚生があることが普通だと思っていたのです。

そんなことに不安を覚えながら、徹夜でパソコンでコンピュータグラフィックスのレンダリングという3Dをつくっているときのことでした。夜中の3時頃、業界でトップクラスの映像ディレクターが次のように話しかけてきたのです。

「こうして徹夜して明け方に家に帰っても眠れないことがある。そんなときはレンタルしてきたDVDの映画を10本ぐらい早送りで流し見して眠くなるのを待つんだ。それでもだめなときは、PCを立ち上げて3Dのアプリケーションを開く。そして、モニターに浮かび出したXYZの無限空間に球体を出して、この無限空間がどこまで続いているのかマウスでその球体を奥行きにずっと眠くなるまで押し続ける」

それを聞いて急に怖くなりました。そういった常人離れした感覚を持ち合わせていないとこの世界では一流になれない、この感覚は自分にはとても持ち合わせていないと思って、その仕事を辞めることを決意しました。

## IT業界を渡り歩く

その後は結婚という人生の転機が控えていることもあり、もうクリエイターになるなど二度と口にしない、そしてビジネスの世界へ戻ると決心したうえでデジタルハリウッドを卒業し、IT業界でインターネット関連ビジネスに関わるようになりました。これは、ITがビジネスに浸透してきたことが背景にあります。PCからモバイルへ、そしてガラケーからスマホへという変遷のなかで新しいことに興味があった僕はそこに参加していくことになりました。

日本ゲートウェイがIT業界でのキャリアのはじまりでした。丸井を退職して1年後の1999年のことです。ここで新規ウェブサービスを立ち上げるということでプロデューサーとして参画しました。次が香港資本の通信会社の日本法人PCCW（パシフィック・センチュリー・サイバーワークス）です。その後、有線ブロードネットワークス（現USEN）で新規インターネットビジネスの立ち上げに際してインターネット事業部門責任者を務めます。このとき、120人以上の部隊のマネジメントを行いました。それから、モバイルネットワークサービスのmedibaでは新規モバイル事業の立ち上げ責任者を経て、２０１１年にモバイル広告会社のＤ２Ｃでコンシューマ事業部門長を務めました。

このように、新規事業の立ち上げに関わったことがその後の独立に際して、僕の大きな武器となっていきました。

こうしてみると、腰の落ち着かない人間だと思われるかもしれませんが、飽きたから辞めたのではなく、新しいことにどんどん興味が移っていったからです。そのときにとても助けられたのが、友人、知人という人脈です。

有線ブロードネットワークスでは知人の事業本部長から声が掛かり、ｍｅｄｉｂａも友人が事業開発部長だったことでのお誘い、サラリーマン生活としては6年と一番長くお世話になったＤ２Ｃもコンシューマ事業本部長の友人からの声がけでジョインしました。まさにサラリーマン人生の後半は人のつながりによって次々とチャレンジの場所が決まっていきました。大学時代の後輩だったり、ビジネス交流会などで知り合った人たちとのつながりです。

こうしてＩＴ業界を渡り歩くことになるのですが、この業界は技術革新が早すぎて、それまで中心だった人があっという間にメインストリームから外されるような世代交代が激しい世界です。こうしたことをずっと僕は現場で見てきて、40代半ばの頃に、50代以降は主流に生き残ることは難しいと思っていました。そして、50代以降を幸せに生きる、幸せに働き続けるにはどうしたらいいのかを真剣に考えはじめたのです。

また、同世代の知人が突然死したことで、人生には終りがあることを意識するようになりました。このことがこれから幸せに生きるには、早めにやりたいことをはじめたほうがいいと決心することにもなったのです。

さらに、マネジメントする立場は嫌いではないですが、僕はどっちかというと、ソロで組織を支援する、外部から支援する立ち位置のほうが性分にあっているので、これからのＩＴ業界で働く人たちがもっと伸び伸びと仕事ができるように支援したいという思いもありました。

## 基盤となったのはコミュニティ活動とSNS

こうした人たちとのつながりを持てていたのは、僕がSNSでマメに情報発信をしていたからです。それに加えて、異業種交流会をいくつか回していて、人との出会いの接点を持っていたことも関係していました。

SNSではプライベートなことも発信していたので、僕のことを気にかけてくれていた友人たちがランチや飲みに誘ったりしてくれました。そうした場で関心のあることや仕事の悩みなどを話しているうちに、「そうなんだ、いまウチはこんな状況なんだけど、興味ない？」みたいな話になったり、「新しい領域に出るんだけど、手伝ってもらえない？」のような感じで転職の話が進んでいきました。

新しいことにとても関心が高いこともあって、僕は新規事業開発系のキャリアを歩いてきました。2000年代はじめのIT業界は新しい事業が続々と誕生していった時期なので、新規事業の立ち上げや新しい領域のアライアンスが多く、その経験のある僕に声がかかるチャンスが多かったのです。とてもラッキーなことでした。

ただ、これはSNSのおかげでもあります。SNSをはじめた頃から意識しているのですが、僕がどんな人間かをわかってもらいたいという思いで、興味を持っていること、日頃付き合いのある人たちはどういう人でどんなことを一緒にしているか、などを流していました。自分ブランディングを考えながらの情報発信です。

例えば、夜の会食の話だったり、交流会の話、休日に行った新しくできたスポットのこと、これからトレンドになりそうなジャンルの展示会に参加したことなど、人とのネットワークづくりや新しいことに積極的に見聞を広めている人間だということをわかってもらうような投稿に工夫をしていました。これはいまも変わらないです。

とにかく新しいことが好きなので、そのことを前面に押し出すようにしていたら、「新規領域だったら河上」ということにつながっていきました。

これがもしSNSがない時代だったら、完全オフラインでの交流会で会って、メールアドレスを教えてもらって連絡するということなのかもしれませんが、その人たちに河上純二告知メールなんて流したら変なやつだと思われます。自分のアップデート情報を一斉に流して、忘れ去られない状況をつくるのはSNSがなければできませんでした。

先日、ある人と話していたのですが、少なくとも1カ月に一度、何かしらの名前が載ったタイムライン上で投稿が流れてこないと3カ月後にはもうその人のことへの関心が失せているということで納得し合いました。そうなると、せっかく一緒に何かやろうと思っても、候補の1人から自然に外れてしまいます。「良いマーケター知らない？」「新しいウェブメディアつくるんだけど、誰がいい？」というときに、タイムラインで名前を見かけなければ、ビジネスチャンスが潰《つい》えてしまいます。

新しく出会う人や情報がとても多い現代社会で、人の記憶は数カ月もすれば忘却の引き出しのなかに入り込んでしまい、思い出すことが難しくなってしまうものです。

SNSでつながり続けるには、定期的に自分の名前をタイムラインに出していくことがとても大事だということです。

僕の場合は1日1回投稿するようにしています。1回以上は流しません。頻度が多いと逆にタイムライン上でスパムのように見られかねないからです。また、自慢げに見えるような投稿もしないように心がけています。

## 29歳のとき、26歳の香港人の上司にリストラされた！

7回の転職経験のなかでとくに印象深いのは、29歳のときに味わわされたリストラです。ＰＣＣＷという香港資本の通信会社の日本法人に在籍していたときです。それまでリストラなんて他人事だと思っていました。

僕がリストラを言い渡されたのは、外資系投資銀行からＰＣＣＷに執行役員に転身してきた26歳の香港人の上司からでした。わずか入社11カ月目のことです。

この会社に入社する前は米国が本社のグローバルＰＣベンダー日本ゲートウェイにいたのですが、当時僕はメディア系の事業に興味を持ちはじめ、職探しをしていました。そのとき、ヘッドハンターの方からＰＣＣＷという香港のＮＴＴのような会社が1年ほど前に資本金１９７億円で日本法人を設立したことをうかがいました。ここが人を募集しているというので面接を受け、入社することができました。設立間もないのでスタッフが必要とのことから前職の仲間やデジタルハリウッド時代の仲間などに声をかけ、一緒に働いてもらうことになったのです。そのときの肩書は、新規事業開発プロデューサー兼ＰＲマネージャーでした。

入社してからは慌ただしい毎日でしたが、それが会社としての方向性が変わったことから、入社11カ月目に2カ月後には退社してほしいと言われたのです。引き連れていった仲間も一緒にということでした。

ＰＣＷが日本に上陸してきたのは、グローバル展開を見据えたコンテンツ事業に乗り出すためでした。ワンソースマルチプラットフォームという考えのなかで、１つのコンテンツを衛星放送、ブロードバンドウェブ、モバイルで配信していくメディア事業です。既に同社はネットワーク・オブ・ザ・ワールド、略してｎｏｗＴＶというブランドネームでロンドン、インド、韓国などでコンテンツ配信事業を開始し、日本では20億円かけてバーチャルスタジオをつくり、一気にグローバル展開を目指すという構想です。親会社は、香港の長江実業という四大財閥の1つです。ビッグチャンスだと思いました。

僕が入社する前にこの事業にはかなりの投資が行われていましたが、まったく回収が見えてこなかったようなのです。実は、ロンドンやインドでは事業縮小に入っていた時期に僕が日本法人に参画したのです。

そうしたなか、日本も半年もたたずに経営がぐらつきはじめました。このときの経営陣は投資家やベンチャーキャピタル、銀行出身者で占められ、コンテンツビジネスの事業プランが全く理解できない人たちでした。

結局、コンテンツ事業は頓挫し、リストラということになったのです。青天の霹靂とはまさにこのことなんだと思いました。30歳を前にしてリストラされ、職がなくなるんです。自信をすっかり失いました。

あとになって思い返してみると、この会社は社内政治が蔓延していてネガティブトークが交わされるような雰囲気でした。僕よりも年長の人がリストラで急にいなくなったり、大勢の社員の前で机を思い切り叩いて去っていったマネージャーもいました。

僕自身は諦めの気持ちでこの会社を去りましたが、1カ月以上立ち直ることができませんでした。

## リストラを反動に逆転劇がはじまった

ただ、時間がたつにつれこのままじゃまずいと思い直すようになりました。そもそもコンテンツビジネスをやりたくてゲートウェイを離れたのに、道半ばで何もやらずに終わっていいのかと自問しました。

悔しさも反動になり、何としてもこの事業領域で成功したいとモチベーションが上向きに切り替わるちょうどそのときのことです。ＵＳＥＮが光ファイバーを使ってコンテンツビジネスを展開することを知ったのです。無料パソコンテレビＧｙａＯを立ち上げる前の、同社がまだ有線ブロードネットワークスと称していたときのことです。宇野康秀さんが社長となり、有線放送から業態を大きく変える時期でした。再び夢を抱いて、自分で売り込みをかけて同社にジョインすることにしたのです。

そこではまず、部長補佐の統括ディレクターのようなポジションでスタートし、２年半ほどで部長に就き、１２０人ほどのスタッフを抱えることになりました。32歳のときです。

それまでマネジメントを強く意識したことがなかったので、どうすればいいのかと戸惑いました。当時、マネージャーとは強いリーダーシップで部下を引き連れていくタイプと部下を信頼して一緒に目標に向かうタイプの2つがあると思っていました。僕は、部下に支えてもらうタイプのほうが自分らしいと思ったので、「アパッチ野球軍」の監督をイメージしながら、その役に就きました。「アパッチ野球軍」とは１９７０年代はじめに放映されたＴＶアニメです。高校球児だった塾の講師が過疎の村の野蛮ともいえる生活を送る、身なりも考え方も個性的な少年たちに規律を教えながら甲子園を目指すストーリーです。

僕のチームにはコールセンター、カメラマン、営業、コンテンツ企画などさまざまなチームがありました。そこで「アパッチ野球軍」にならい、1番から9番まで個性的なメンバーの能力を信頼してチームに勝ちをもたらすマネジメントを行うようにしました。敵をつくらず、メンバーの力を信頼して組織を伸ばすやり方です。この方針は若手のメンバーに受け入れられ、僕のように途中から参画してきた人たちとは非常に良い空気感でした。

## 他部署からの敵愾心に折れる

30代前半で120余名のマネジメント、一見華やかに見えそうです。しかしこのとき、ものすごい挫折を味わいました。これだけの組織であれば、僕よりも年上の人もいますし、歴史のある会社なので社歴何十年という人もいます。

そもそも有線ブロードネットワークス（現USEN）は大阪有線放送社から発展した

会社です。大阪有線放送社は全国に3千人もの営業マンを抱え、足で稼ぐ営業力で顧客を開拓してきた会社です。それが大阪有線放送社から有線ブロードネットワークスへとIT企業に変貌していきます。光ファイバーによるコンテンツ事業に経営の中心がシフトしていきます。

大阪有線放送社から在籍する人たちには、メディアだ、新規事業だといってもすんなり理解を示すことは難しかったと思います。

僕は地方の支店に赴いて新しいサービスの説明をしなくてはならないのですが、その現場ではものすごい敵愾心を感じました。エリア統括、その下の支店長、さらにその下の地域担当、そして何十人もの営業マン、それが一斉に僕を睨みつけるのです。それでも事業について説明をはじめると、今度は「そんなの売れるわけない」とか、「有線放送のお客さんのことがわかってるのか」と袋叩き状態です。折れそうになりました。泣きそうになるのをこらえて、帰りの電車のなかで缶チューハイを飲んだこともありました。

それでも役割を果たさなくてはなりません。新サービスそのものの理解が進んでいないという人には根気よく説明し、その人の立場を尊重するように接しました。マネジメントの難しさを痛感した出来事です。

USENでは足掛け5年過ごすことになります。ここを辞めたのには2つの理由があります。1つが、新規事業の目玉ともいえる無料コンテンツ配信事業のGyaOがピークアウトしはじめていたことです。このままこの事業に携わっていていいものか、迷いました。そんなときに上司とぶつかり、部下が1人もいない部署に追いやられたのです。

そろそろ潮時かなと考えていたちょうどそのタイミングで、モバイル系の会社に務める友人から飲みの誘いがありました。その友人にUSENでの自分の状況を話したところ、「それなら一緒にやらないか」と言われたのです。ほんとに救いの船という感じでした。2006年頃のことでしたが、当時ガラケーの公式サイトが林立しはじめ、モバイルが著しく成長していました。そこで主戦場をPCからモバイルへ変え、その友人の所属する会社の新規事業開発本部にジョインすることにしたのです。そこでは、子会社の代表として新規事業開発を担う役割なども将来的に含まれていました。

僕が危機のたびに救われてきたのはラッキーでもあるのですが、そのための下地をつくってきたということもあります。**良い人とのめぐり合わせが偶然あったというのでは**

**なく、そのめぐり合わせを引き寄せる人脈の分母を大きくしていたのです。**

僕はそれほど出たがりだとか、自分から手を上げてリーダーを張るというタイプではありません。ただ、いろいろな人と仲間になることは根っから好きな人間です。誰か面白い人とつるみたいなという感じで人に会ったり、友だちと一緒に人を集めて仕事に役立ちそうな情報交換会を開いたりして、コミュニティ活動を楽しんでいました。26歳のとき、気づいたらメールアドレスが2600にもなっていたほどです。その人たちにグリーティングメールを送ったりして、関係維持を大事にしていました。このとき、僕は人付き合いが好きな人間だと改めて気づきました。

## 2枚めの名刺を持つ

凹むことが多かったUSEN時代でしたが、その頃にプライベートでは仲間たちと面白い活動をスタートさせることになりました。

管理職として社外の同じ立場の人たちと飲むようになると、みな、仕事や人脈の幅を広げたいとの話で盛り上がることが多くありました。それなら、交流会をやろう、オフ会をやろう、ビジネス交流会をやろうと人脈をつくる話がどんどん広がっていった結果、溜まり場となるお店を麻布十番につくろうということになったのです。それが2003年に立ち上げた「ギャラリーカフェバー縁縁《えんえん》」です。

こうしてUSENとは別の名刺、2枚目の名刺を持つことになりました。いまでいう副業みたいなものですが、当時USENでは副業禁止だったのでバレたら大変なことになったと思います。ただ、副業といってもお金をもらっていたわけではなく、お店の儲けはすべて運営費に回していました。

カフェバーの共同オーナーになったことで、それまで以上にネットワークが広がりました。お店に多様な人種が集まることがクチコミで伝わっていくうちにカウンターカルチャー好きなメンバーが集まり出したり、業界では知る人ぞ知るという人も集まってきたのです。そうした意味で質の良い人脈がめちゃくちゃ広がったという感じです。

ポジティブな人たちの集まりですから、お客さん同士がつながって自走型コミュニティがプロジェクトのように生まれました。これは意図していたことでもあります。ユニークなところでは、草野球の全国大会を目指しはじめる野球部、オリジナル音楽を制作しアルバムリリースをする音楽ユニット、オリジナルファッションやグッズをデザイン制作するチームなど、いくつか派生型コミュニティが立ち上がっていったのです。こうして人気スポットとしての注目度が上がると「Ｈａｎａｋｏ」などの情報誌で紹介されたり、飲食店の新しいマーケティングパターンということで「日経ベンチャー」をはじめとするビジネス誌などからも取材を受けました。僕たちの活動に刺激されて、似たような共同オーナー制飲食店が誕生し、そうしたお店のオーナーたちとのネットワークも広がりました。

ここには、一部上場企業社長、未来の大手企業のＣＭＯ、著名ジャーナリスト、海外でも活躍する有名作曲家などになった人たちの若い頃の姿も多数ありました。このときの縁がその後の成功に結びついている人もたくさんいます。

## 10年後の自分をつくる人たちとの出会い

こうした人たちを見ていると、人との縁がその後の人生に大きく影響するものだと心底思わずにいられません。僕の場合も、30代前後に出会った人たちが10年後の自分を幸せにしてくれました。人脈を大切にしようと僕が訴えるのはこの経験があるからです。

家と会社を往復する平凡な毎日で社内でのつながりしかない人と、家に帰る前に異業種の人と非日常的な体験をする人では10年後に大きな違いが生じることをここから学びました。**10年後に自分の人生こんなんじゃなかったと後悔したくなかったら、サードプレイスを持つこと・つくることがとても大事になる、僕は実体験からそう信じています。**

ギャラリーカフェバー縁縁はもちろん僕ひとりでつくったり、運営していたわけではありません。そもそもは当時知り合った他業界の若手の管理職の人たちと飲みながらお互いの近況報告などしているときに、もっと仲間を増やしたいよねという会話から、なら自分たちでお店でもつくってそこを溜まり場にしようと、8名の共同オーナーではじめたお店です。

実際にお店をつくることになると、そのうちの1人が早くも麻布十番の居抜きの物件を探し当てたと思ったら、僕の大学の先輩が持つ物件でした。溜まり場になるようなお店にしたいと言うと、超面白そうだね、よし協力してやるよといって、破格の家賃にしてくれました。お店のつくりはどうすると言うと、ブルーノート東京の立ち上げに関わったレストランプロデューサーをはじめ、一級建築士、映像プロデューサー、フードプロデューサーが手弁当で集まり、通常の半分の開業資金で開店できたのです。まさにこれは人脈が生み出した、人の出会いでできあがったプロジェクトです。

　こうした人たちが自分の知り合いに声がけして集客してくれたり、たまたま声がけした人がPRの専門家だったりして、プレスリリースを出したり、知り合いのメディア関係者を集めたりしてくれたことでお店のキャパを大きく超える、連日150人以上ものお客さんが集まってくれました。

　と、思ったのもつかの間でした。お店は開けど、運営を知らない人たちばかりです。そのうち、はじめのご祝儀的に来てくれたお客さんが引いていきました。僕たちは完全に飲食店経営をなめていました。集客すればなんとかなると思っていたのです。ただの溜まり場だったら、新しい出会いがなければ人は集まらないですし、飲食店なのだから食事や飲み物もそれなりのものを提供しなければならないことは冷静に考えればわかったことです。

　2カ月近くお店が寂しい状態が続いたのですが、SNSがその危機を救ってくれました。要は、縁が縁を結ぶお店というコンセプトに立ち戻って、SNSでお客さんたちと連絡を取り合い、オフ会を開催する流れをつくることでコミュニティカフェとして再生でき、お店を12年続けることができたのです。

ただ12年といっても、実質的にコミュニティとして活発に活動したのは開店から4年半ほどで、ミクシィユーザーの若手のお客さんが中心でした。2000年代のミクシィユーザーは情報感度の高い人たちが多く、その人たちとの出会いを求める人たちが来店しはじめたのです。しかし、先駆者の方々が徐々に社内外での立場も上がって多忙となり、お店に頻繁には来られなくなったことなどから、当初の若い人たちの熱気がトーンダウンしていきました。そこで、地元密着型のカフェレストランにコンセプトを変えることになりました。

## やりたいことは言葉にする

繰り返しますが、こうした新しいことを面白がってやろうという空気をつくるには1人じゃ無理です。ギャラリーカフェバー縁縁の場合は8人で発起しました。仲間がいたから一歩踏み出せたのです。何かをはじめるとき、言葉に出すと引くに引けないことがありますが、まさにこのときがそうでした。みんな一気に同調して、もう後戻りできなくなったのです。

新規事業にたくさんかかわってきたことでこの経験を振り返ると、上からの指示ではなく、自分たちが欲しいと思ったからこその自由発想だったわけです。この自由発想という感覚がものすごく大事です。

自由発想というのは会社の規模が大きくなるにつれ制約があって生まれにくくなります。僕自身大企業からベンチャーまでさまざまな会社の新規事業を経験してきてわかったことですが、よほどのことがないかぎり大企業で本物のアントレプレナー感覚を身につけるのは難しいと思っています。社内政治などの調整とかに頭を使いすぎて、ベンチャースタートアップの純粋無垢な自由発想的な感覚が全然通用しなくなるからです。また、そうした社内調整や社内申請・社内承認の煩雑さが、新規事業にとって最も大切なことの1つであるスピード感を失わせてしまうことも多々見受けられます。大企業のアントレプレナーによる新規事業のインキュベーションがなかなかうまくいかないのはこうしたことに原因があるのです。

## 50歳になって幸福な働き方がわかった！

こうした紆余曲折のサラリーマン生活を送ってきて、45歳で独立しました。これには2つの理由があります。

1つは、世代交代を如実に感じはじめたからです。IT業界に長くいて周りを見渡すと同世代、さらにそれ以上の50代前半の人たちがどんどんシニア何とかという肩書きになり、それまで部下がいた人がひとりで何をやっているかわからないような働き方が目につくようになり、それを見て、自分もいずれそうなるのかなと思うようになり、ぼんやりと危機感を抱いたのです。

もう1つは、死について考えるようになったからです。それまで自分のまわりで亡くなったのは祖母ひとりだけで、葬儀に出たのはそのとき一度だけでした。45歳のときでしたが、時間を置かずに知り合いが3人も亡くなったのです。奥さんが朝起こしに行ったら亡くなっていたという人もいました。自分も明日があるかわからない、そう思うと急にこのままの延長線で人生を送ることが幸せなのかと考えるようになったのです。

この2つのことがあって、自分らしい幸せって何か、すごく幸せだったと思い出のアルバムに残せるような自分らしい生き方とは何か、そんなことを考えはじめたのです。

自分らしい幸せを基準にしたことで、では何をすればいいかを考えました。そこで出てきたことはとてもシンプルなものでした。

**自分の長所を活かした仕事をする、嫌なやつとは仕事をしない、ありがとうと言われる仕事をする、社会貢献が高いことをする**、でした。

ただ、幸せになるためには組織に縛られずに自分の意志で働こうと決めたことで独立したのですが、正直、まだサラリーマンにどこか未練がありました。

それというのも、ある会社から声がかかっていたからです。一度は独立したもののそれまでずっとサラリーマン生活でした。馴染みがあります。

そんな迷いのあるときに、事業会社を次々と買収して世間の注目を浴びている企業から新規事業担当として入社しないかという話があったのです。少し逡巡したものの、その企業に行くことを決断しました。

それから間もなくのことです。その会社は急に赤字に転落し、新規事業はすべて凍結することになりました。僕の入社もゼロベースに戻されました。入社を仲介した人が「こんなこと、ありえません」と驚いたほどです。

そのとき、ああこれも運命だなと思って、もうサラリーマンの道に戻る必要もないだろうという気持ちになり、独立することにしたのです。

ただ、独立するといっても、新規事業の立ち上げやインターネット事業の支援といったところで、半年とか1年契約で業務委託を受けることを繰り返していくんだろうと、安定という面で少し不安もありました。

## 11社の顧問業のはじまり

そんなふうに考えている矢先に、また2つのことが起こり、いまの働き方につながっていきました。

1つは、近くで一緒に仕事をしてきた年下の仲間が、「いろんなジャンルの事業に関わってきて人脈も多いのだから、顧問のようなスタイルが合ってるのでは？」と言われたことです。

もう1つは、独立してから毎日人を変えてランチすることを課していたのですが、最初に仕事を頂いたベンチャーの社長が「河上さんにお願いしたいこと」というワードのファイルをくれたことです。2ページのワード文書にその方から見て僕ができそうなことを箇条書きにしたものでした。

例えば、広報PR、事業開発、資金調達、組織開発、風土醸成、人脈開拓などが羅列されていました。自分の得意なことをよく見てくれていたと感謝すると同時に、これは職務経歴書的に使えるなと思ったのです。実際、他のベンチャー社長と食事するときに、これを職務経歴書としてつくり変えて出したことでいろいろな会社との顧問契約が決まっていきました。

それが現在11社です。すべてIT系のベンチャー企業です。顧問先では、毎週経営会議に参加し、課題解決に協力する役割です。人材、組織、マーケティング、営業、資金調達、どのジャンルにも知り合いや友人がいるので、その人脈を活用しています。

顧問契約は僕のほうから3カ月単位でとお願いしています。それは仕事の出会いも恋愛に似ていてお互いの波長が合わなかったり、イメージしたのと違うときにお互い遠慮なく短い期間で契約解消できるからです。そのほうがお互いフェアですし、問題がなければそのまま自動延長することが僕にも先方にもハッピーだと思うからです。
この働き方ができてとても幸せだと思っています。組織に縛られず、自分の得意なことをアドバイスしたりマッチングしたりする一方で、自分の時間が多く持てるようになったからです。しかも、大企業の部長並の年収が維持できています。

僕は大物にはなれないぶん、自由人に近い生き方ができています。自分を大切にしたいし、自分らしく生きたい。それ以外のことはあまり求めてないという人が現代の若い世代を中心に多い世の中ですが、僕はいま、ひと時代お先に先輩的にそれを実現できています。

**この生き方のベースになっているのが、人脈というわけです。ここまで辿り着けたのは人脈のおかげです。幸せな生き方をしたいなら、いろいろな人とのネットワークを常日頃から築いておくこと。**これは僕自身が忘れてはならないことであり、ぜひとも皆さんにおすすめしたいことでもあります。

## 人生100年時代の働き方4つのパターン

医療技術の発達と健康寿命が伸びて人生100年時代と言われるようになりました。人生が延びたぶん、働く期間も延びていきます。その流れに合わせて、僕たちは働き方を柔軟に捉えることが必要になります。

僕はこれからの働き方は大きく4つに分類できると考えています。「サラリーマンを貫く」「自分の好きな形でフリーに生きる」「起業して社長になる」「ドロップアウト型生活」、この4つです。

これは働く人の幸福度を見るためのものさしでもあります。

サラリーマンを貫くことがこれからも主流には違いないでしょう。その場合、考えたいのは実質70歳まで働き続けるということです。役職者は50代で役職定年になり、その後の職業人生を具体的に描いておかないと「こんなはずじゃなかった」とモチベーションを下げることになりかねません。実際、その問題は65歳までの雇用義務化のときに起きています。

自分の好きな形でフリーに生きるというのは、いまの僕の働き方です。自分で働く時間をコントロールし、無理がなくストレスがあまりない働き方です。ここでストレスが生じるのは収入が不安定になったときです。

起業して社長になるというのは、会社組織にした場合、経営全般の責任を追うリスクが伴いますが、社会に痕跡を残す使命感や達成感を大きく味わうことができるとともに、成功すればビッグマネーを手に入れることができます。

ドロップアウト型というのは、のんびりゆっくりと自給自足するような働き方です。地方に移住して、近隣の人たちと共生するような働き方です。

このうち、どれがいいということはありません。**その人の生き方の考え方次第で幸せな働き方の定義は違ってきます。**

ただ、いまが心地よい働き方であっても、10年後、20年後を考えたときにどうかなという感覚は必要です。未来の自分のために、いま、何をしておくべきかを準備しておくことです。

**働くうえで大切なことに、「知識」「経験」「人脈」の3つがあります。**10年後20年後に備えるには、この3つを充実させておくことが僕はとても大事だったといまだから言えます。

いろいろな経験のなかで知識を蓄え、仕事の幅を広げたいと思って興味関心のある人たちとの交流を僕は続けてきました。それが10年の時を経た後に、僕がいちばん幸せだと思える働き方を実現することができました。

## アフターコロナは人との接点がより大切になる！

コロナ禍により、対面コミュニケーションが著しく制限されました。会議などはオンラインでできるようになりましたが、飲みニケーションなど、直接、人と接する機会がこのまま減っていくのではと心配する声が多いようです。

そして、コロナ禍によるリモートワークで、管理職というポストの役割があいまいになってきているとの話も聞くようになりました。部下マネジメントとは何かが、多くの職場の課題になってきているからです。場合によっては管理職は要らないという、中間管理職不要論も言われています。

管理職の方の立場からすると、苦労して管理職になり、いまいる会社でキャリアを積んできたのに、この先自分はどうなるんだろうと不安に思うのではないでしょうか。ただそれは、その会社しか自分のキャリアの想定内にないからであり、違ったキャリアを選択肢に加えていけば、また違った考え方も生まれてきそうです。

そのためには、それまでに培った「知識」と「経験」を活かし、そこに「人脈」を加えることです。


ところで、アフターコロナでは人々はSNSなどでのつながりは広がるものの、リモートに慣れていくことで人と直接会う時間は大きく減っていくことになると言う人もいます。

果たしてそうでしょうか。コロナ禍がいつ終息するかはわかりませんが、実際に会うことの大切さ、リアルな飲食店での時間の至福感みたいなものが誰の心にも大きく根づいています。コロナ禍以前のように普通に人と話したいという欲求はますます膨れ上がっています。その反動で人とのリアルな接点がこれまで以上に大切にされるはずです。

GoToトラベルが実施されたとき、みんな待ってましたとばかりに旅行に出かけました。海外への渡航制限が解除されれば、どっと旅行に出かける反動が必ずくるはずです。そして、改めて人とのつながりがとても大切だと気づくようになるはずです。

コロナ禍がなければ、もしかしたら人との出会いやつながりが大事だとは、言われなければ意識しなかったかもしれません。しかし、人はみな、潜在的に人とコミュニケーションを取りたいと思っているのです。

確実なことは言えませんが、僕はコロナが終息した後には人とのコミュニケーションは以前に近い状況にまで戻ると思っています。ただ、リアルとオンラインのハイブリッドのような形もあるかもしれません。僕自身がこれまでリアルとネットの両方を活かして人脈を築いてきました。それが普通に行われる時代がこれからなのかもしれません。

## リアル＋ネットの時代こそSNS

**人脈を広げるために絶対にしておくことは、SNSです。**僕がIT業界に身を置いているからというわけではなく、もはやSNSはこれからのビジネスにとって欠くことのできないツールです。

**ビジネスで大事なことは、まずは自分の存在そのものを知ってもらうことです。一度**

**接点を持った人に忘れられないようにすることです。そのために定期的な情報配信をして、名前のインプットを継続することです。**

このとき、配信ボリュームや配信頻度、画像やハッシュタグなどタイムラインでどう見てもらえるか、工夫は必須です。

また、ソーシャルメディア上ではさまざまな意見や思考を持つ人たちがいます。

僕はセルフブランディングをするうえで、基本的には持論を展開することはありません。正論を説くというキャラクターでもないし、ジャーナリスティックに語りたいというポジションを狙っているわけでもないからです。あくまでもみんなを笑顔にさせられるような内容、みんなが未来に夢を持てるような内容、そして新しいことに取り組んでいることを感じてもらえるような空気感にこだわっています。自分がどういう姿になりたいのかをイメージしつつ、投稿する内容を事前にチェックするようにしています。

人によって、自分ブランディングのやり方は違ってきて当然ですので、自分に合った方法で行うのでいいと思います。

大事なことは、信頼感を感じてもらえるような投稿です。この人、嘘っぽくないということを大切にしています。こうしてＳＮＳ上で良好な関係をつくっておくと、リアルで対面するときにとてもスムーズになります。

## SNSをハイブリッドに使う

ＳＮＳは仕事の幅を広げるという意味で、僕もそのＳＮＳの恩恵を十分に受けている人種の１人です。ただ、のべつまくなし人脈を広げるとなるとそれに全部対応するには無理があるので、ある程度整理が必要になります。整理といっても切り捨てたりするのではなく、関係の深さでグループ化しています。

フェイスブック仲間であれば、誕生日機能を上手に活用しています。いくつになっても、人から誕生日にメッセージがもらえれば嬉しいものです。しばらく会ってない人でも、この機能を使えば、関係の維持ができます。そこに、その人に向けての一言を添えるだけで双方ともに良い関係が続きます。

近年の正月前後のニュースで年賀状の発行枚数が減ってきていることが報じられますが、関係を疎遠にしないためには、年配の人もＳＮＳはとても便利なツールなので絶対にやるべきです。ましてや現役のビジネスパーソンならなおさらです。ほとんどタダで人脈の拡大や維持ができるのですから、ためらわずに使いこなすことです。

僕にとってとくにフェイスブックは個人メディアです。リアルの関係を大事にしながら、なかなか会えないような人とはSNSでつながっておくようなハイブリッドな関係が今後ますます増えていくのだと思います。

ただ、自分のプライバシーを人に知られたくないといって、フェイスブックやツイッターを使うことに抵抗感を感じている人がいることも事実です。別に使わなくても自分にとって何も影響ないのなら無視してもいいですが、自分の10年後20年後を考えたときに、自分の人生が開けるような準備を怠っていいのですか、ということは問いたいです。

## 10年後20年後の準備をいますぐはじめる

先にも述べたとおり、30代でリアルとネットで人脈を広げてきたことで40代半ばから自分の人生をコントロールできるようになりました。そして、50歳のいま、ものすごく幸せです。人脈づくりを打算的に言う人がいますが、実際に仕事に困ったときに頼れるのは知り合いのネットワークです。これが、現実なのです。

いま、VUCA《ブーカ》の時代と言われています。VUCAとは先行きが全く読めないことを表した米国の軍事用語ですが、ビジネス用語として使われるようになりました。**先が読めないときに助けになるのは、人なのです。**

10年後20年後の自分をイメージしたとき、どうやってそこにたどり着くのかということを考えておくことが、先が読めないからこそ大事なことだと思っています。

例えば大企業の社長になりたいとすると、そのためのキャリアを計画するようなことです。その青写真を描かずに場当たり的に過ごしていては幸せを引き寄せることはできないはずです。

大企業で出世していくために、中小企業診断士の資格を取得し、英語をマスターし、マネジメント理論を学習し、社内外の人脈を広げるといったようなことをしている人はそう多くはないかもしれませんが、自分の人生を自分でコントロールするには本当はこうしたことをしっかりやっていかなくてはいけないと思うのです。**自分らしい人生を送りたいとはよく言われることですが、自分らしい人生は自分で構想しておかないとそこ**

**にたどり着くことなどできません。**

そして、**構想したことを具体化するには、可視化することです。**キャリア教育の一環で、自分の3年後、5年後、10年後といったようになりたい姿を期間を区切って書き出すような研修がありますが、それを自分でやっておくことはとても重要です。数年先のその姿になるには、どんな準備が必要か、どんなスキルがないといけないのか、こうしたことを考えるきっかけになります。この作業は、図にして可視化することです。

この作業をすることで自分自身を振り返ると同時に、自分の成長のありたい姿がつかめてくるのです。それが自分らしい幸せとは何かを考えることにもなります。

自分らしさということでついでに言うと、1990年代半ば以降に生まれたZ世代の人たちははじめから自分が嫌だと思うことはやらないことが問題になることがあります。会社の飲み会どころか、残業は嫌だといって、せっかく入った会社をすぐに辞めてしまう人もいます。我慢が足りないと言われたりもしますが、彼ら彼女らはそうしたものなのだと世代論で終わらせることには疑問があります。

仕事との向き合い方をきちんと教えもせずに、これまで自分たちはこうしてやってきたので君たちもそのとおりにやりなさいというのは、逆にそうした時代に生きてきた人たちの世代論でもあります。ここにお互いの歩み寄りがなければ、何の進歩もありません。

教える側は時代が変わったことを認識し、これからの若い人たちとの接し方を自分たちも改めて学び直さなくてはなりません。

## セルフブランディングのためのMVV

僕にとってSNSはセルフブランディングのためには欠かすことができないツールですが、それは世間への認知のためのものです。

**セルフブランディングでは、SNSの前に考えなくてはならないことがあります。ミッション（存在意義）、ビジョン（ありたい姿）、バリュー（行動指針）です。**

これは現代経営の父といわれるピーター・ドラッカーが提唱した、組織が目指す姿をメンバーと共有するためのフレームワークであり、その頭文字を取ってMVVと称されています。そして、ミッションからビジョンを考え、そのビジョンを実現するためのバ

## MVVピラミッド

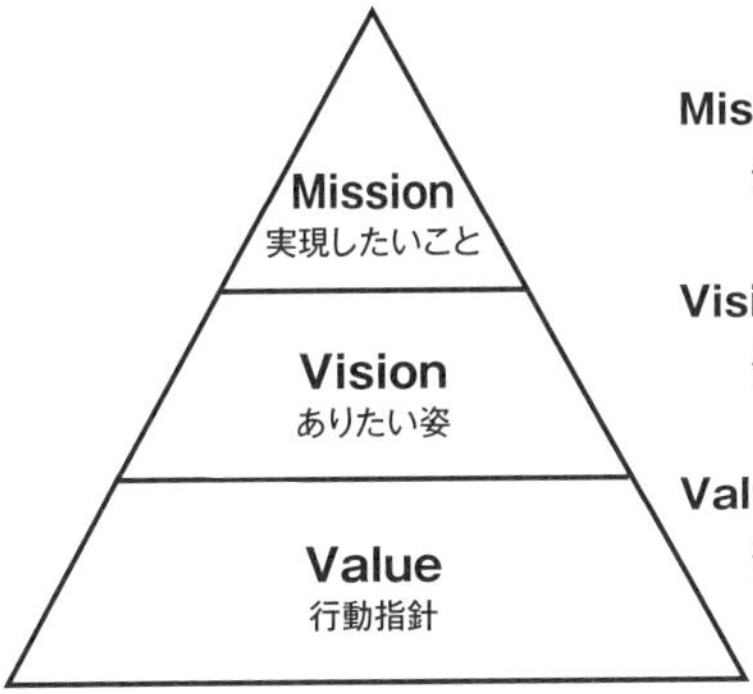


**Mission…存在意義、役割、使命**

例：自分の人脈を多くの人の幸せに活かしたい

**Vision…中長期的な目標**

例：スタートアップ・ベンチャーの良きアドバイザー

**Value…価値観、価値基準**

例：ギバーになって人と人をつなぐ！

リューをどのように日々の行動に落とし込んでいくかを図に表すと三角形になり、これをMVVピラミッドと言います。

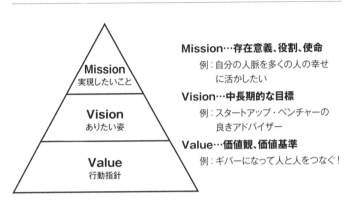

自分が将来、何のためにどうありたいか、それには何をすべきかを、つまり自分らしく生きるためにどんな価値観を持って行動するかをはっきりさせることがセルフブランディングにつながるということです。

**セルフブランディングのために自分をどんな見せ方にするのかというところでSNSとの向き合い方が変わってきます。誰に対して、どんな内容のことを伝えていくかをぶれないようにしておきます。**

これができあがり、情報発信を継続していくことでセルフメディアとしてSNSが有効化されていきます。

ＭＶＶは会社と自分を最適化するためにも使えます。会社のＭＶＶと個人のＭＶＶが重なり合えば、ミスマッチが防げます。

また、ＭＶＶは自分を知るためのツールとしても有効です。ＭＶＶを考えると自然と自分の棚卸しにもなるからです。それが自分はどういうタイプの人と相性がいいのかということにもなり、意味のある出会いのサポートにもなります。

その逆に、相性の悪い人との社交辞令の継続を避けることもできます。なんとなく知り合って、お酒なんかを飲むうちにその場では意気投合した感じなのですが、どこかしっくりこない。そうした人とはやはり、ＭＶＶが重なり合わないものです。打算的になりすぎてもいけませんが、相性が合わない人とはいずれどこかの時点で別れが来ます。ＭＶＶに照らし合わせてあまりにも重なりが少ないようでしたら、適当な距離感でいることです。**無理に相手に合わせて、ムダな時間を使うことはありません。**

いまいる組織で幸せに働くにはＭＶＶピラミッドを基軸にして、合わなければ本人の

ＭＶＶに合った会社に参加するのが、今後長く働くうえではとても重要です。

ＭＶＶピラミッドの整合性が取れた組織は、社内人脈の広がり方が自然です。組織の目標達成のために社内での協業がしやすい関係が構築できているからです。

逆にＭＶＶピラミッドができていない組織は、上からの強制で無理に協業を生み出そうとします。部門の横串を通せと上から言ってくるような組織は、会社の方向性と社員の方向性がぶれているから無理に合わせようとします。無理な力を加えると必ず歪《ひず》みが生じ、結果として社員の流出がはじまります。

社内人脈は本来、自然発生的につながるのがよく、その状況を生み出すのが組織の目標だということを社員が腹落ちして、自分ごととして取り組めるような組織が良い組織です。スタートアップ企業を見ているとこのことがよく実感できます。みんなが会社を成長させるための意欲を持っているので、自然な協力体制ができあがるのです。

## 幸せに生きるには人とのつながりに意味を持たせること

僕は独立して初めて幸せに生きることに真正面から向き合うことになりました。**幸せ**

**に生きるとは、僕の場合、自分らしさを殺さないことだと思ったのです。**

自分らしさって何かと聞かれることがありますが、まずは心から嫌だと思うことはしないことでした。社会生活をするうえではどこか我慢が必要な場面はあります。でも、それをやったらおしまいだということには絶対に手を出さない。

サラリーマン時代に辛かったのは、会社の指示だから従わなければならないことが多かったことです。コンプライアンス違反になるようなことを指示されたことは幸いにしてありませんでしたが、いろいろ世間の不祥事をニュースで見ていると本当に宮仕えは辛いなと思います。

それがフリーになったことで上司がいないわけですから、上からの理不尽な指示が降りてきません。また、一緒に仕事をする人にしても、無理難題を押し付けられるようなことがあれば、そことは契約しなければいいだけです。そうしたポジションになるにはこれまでに培ってきた知識や人脈があればこそでした。

そして、組織に属さないことでそれなりに忙しさはありますが、時間コントロールがしやすくなり、ラジオパーソナリティーなどのプライベートのライフワーク活動もしやすくなりました。

こうしたことを考えられるのも、フリーであっても多くの人との接点を持っているからだと思います。スタートアップベンチャーの顧問というライスワーク、ラジオパーソナリティーやモデレーター、コメンテーターといったプライベートなライフワーク、双方ともに僕が面白いと思える人たちと共有できる場所や時間を持っているからです。**人とのつながりのなかに自分もいると思うと幸せな気分を感じることができると思うのです。**

もちろん人間は多様性があるので、人付き合いが苦手とか面倒という人もいることは承知しています。そうした人たちにはそうした人なりの人生があると思います。ただそうした人たちも似た者同士でつながることがあったりします。

例えば、アニメ好きとか、釣り・キャンプ好きなど、趣味の世界ではよくあるのではないでしょうか。いま、ソロキャンプが流行っていますが、ソロキャンプ仲間のコミュニティも生まれていると聞きます。

現代は価値観が多様化しているので、僕らが生まれ育った昭和・平成とは人との出会いの仕方も大きく変わってきてもいいと思います。**ただ、自分の価値観を大切にできるような人たちとの出会いや付き合いは大事にすべきと考えます。**

人は1人では生きていけないからです。仕事への役割が重くなるにつれ、人脈が大事になってくるからです。

2021年4月から70歳まで従業員を雇用することが企業の努力義務となりました。そうなると学校を出てリタイアするまで職業人生はおよそ50年です。**この50年をしっかりと勤め上げるには、20代は無差別に人に会い、30代は質のいい人脈の積み上げ、40代以降は自分にとっても相手にとってもためになる人付き合いができる、こうしたことを計画的にすることも必要なのかもしれません。**

## 未来逆算をはじめよう!

僕は幸せな働き方、生き方とはどんな状態かを書き出してみて、それが実現できているかどうかを30代のときに確認してみたことがあります。「そうなりたい」と思い描いていたことですが、いま、その多くが実現できています。

そこに至ることができたのは、理想的な状態になるためには仕事とどう向き合うのか

### 幸せな働き方・生き方で実現できていること

- 仕事に何のストレスもない
- 自分の得意なことだけで仕事が成立している
- 自分の好きな人とだけで仕事が成立している
- 新しいトレンドに絶えず触れられていられる
- 自分の名前だけで仕事ができている
- SNS時代に自己発信が上手にできている
- 自分で時間をコントロールできている
- 自分で仕事量をコントロールできている
- どこでも自分の好きなところで仕事ができている
- 家族との思い出をつくる時間を自由に捻出できている
- 自分が納得できる報酬を得ている

を逆算し、一歩一歩そのゴールに向けてやるべきことを実践したからです。僕の言葉で言うと「未来逆算」したということです。

**未来逆算をするには、自分らしさとは何かを突き詰め、自分のありたい姿、自分がこういう状況になったらいいなと思うことを書き出します。そして、そこに近づくためには何をするか、やるべきことを書き出します。**

僕の場合、どんなスキルを持った人と出会うかも書き出しました。ありたい姿になるには、社内人脈だけでは無理があります。横に広がる人脈に向かうことが必然なので、他業界の人や起業した人をはじめ、僕の夢を実現してくれそうな人たちとどう出会うかを考えたりもしました。将来の自分のキャリアをつくるための未来逆算は人脈づくりにもつながるということです。

未来逆算をする作業を通して思ったことなのですが、自分のありたい姿を箇条書きで出していくと、夢がどんどん広がる感じがしてとても楽しい気分になり、そこに向けて進んでいきたいと心の底からのモチベーションが沸き起こります。

## ワークライス&ワークライフバランスを楽しもう!

ここまで述べてきたように、僕は人脈を大切にしてきた結果、生活の糧を得るライスワークと人生を楽しむライフワークが50歳で両立させることができました。

現在、ライスワークの中心は、ベンチャースタートアップ11社の顧問です。自分自身でも株式会社を経営していますが、顧問業が生活の糧の中心です。

ライフワークとしては、ビジネスコンテストの審査員、ピッチイベントのコメンテーター、ITメディアなどのジャーナリスト、コミュニティラジオやWeb番組などのパーソナリティーなどの個人的な活動です。

11社の顧問をしているうえにプライベート活動をしていては時間が足りないでしょうと言われたりするのですが、コロナ禍前でも週に一度は各社の経営会議などに出席していましたし、個人的な活動も頻繁に行っていました。いまではオンラインで会議もできます。朝は5時とか6時に普通に起きて、メールの返信など8時くらいまでにはルーティン仕事は大方を片付けるようにして、そのあとは定例のミーティングに出たりしますが、時間に縛られることはほとんどありません。夜は大体11時には就寝します。

こうした自分の価値観・幸福感にあった生き方もできることをもっと皆さんにも知ってもらいたいと思います。僕のベンチャーの顧問業は、僕がサラリーマン時代に新規事業を経験してきたことが若手の経営者の方々の参考にしていただけることで成り立っています。

僕なんかよりももっといろいろな経験をされて知見も豊富な方なら、僕のような働き方はどなたでもできると思うし、これから日本もスタートアップする人たちが増えれば、絶対にニーズは拡大すると思います。いわば僕は、そうした働き方のプロトタイプだと思っています。

## 第1章　人脈づくりのポイント

□良い人とのめぐり合わせを引き寄せるには人脈の分母を大きくする。

□10年後の自分のために、サードプレイスを持つこと・つくることがとても大事になる。

□幸せな生き方をしたいなら、いろいろな人とのネットワークを常日頃から築いておく。

□その人の生き方の考え方次第で幸せな働き方の定義は違ってくる。

□働くうえで大切なことに、「知識」「経験」「人脈」の3つがある。

□ビジネスで大事なことは、まずは自分の存在そのものを知ってもらうこと、一度接点を持った人に忘れられないようにすること。そのために定期的な情報配信をして、名前のインプットを継続する。

□自分らしい人生は自分で構想しておかないとそこにたどり着くことなどできない。

□構想したことを具体化するには、可視化すること。

□セルフブランディングで考えなくてはならないこと、それは、ミッション（存在意義）、ビジョン（ありたい姿）、バリュー（行動指針）。

□セルフブランディングのために自分をどんな見せ方にするのかというところでSNSとの向き合い方が変わってくる。誰に対して、どんな内容のことを伝えていくかをぶれないようにしておく。

□無理に相手に合わせて、ムダな時間を使うことはない。

□人とのつながりのなかに自分もいると思うと幸せな気分を感じることができる。

□自分の価値観を大切にできるような人たちとの出会いや付き合いは大事にすべき。

# 第２章

# 幸せづくりの
# 人脈づくり

## 人生の幸せと不幸せは同じ大きさ

時々、人間の幸せの大きさと不幸せの大きさは同じだと思うことがあります。大金持ちや大会社の社長にはその裕福さや地位と同じくらいストレスや苦悩がある一方で、普通に暮らしている人は有り余るほどのお金や人が羨むような社会的地位がないことで人から裏切られたり妬まれたりすることが少ないと思うのです。

どちらがいいかは人それぞれが決めることで、毎日プレッシャーにさらされていても大金持ちであるなら幸せだと思う人もいれば、裕福でなくても日々の暮らしに困らずに平々凡々と暮らせることが幸福だと思う人もいます。

欧米のプロスポーツ選手やアーティストなどのスーパースターのように富も名声も得たとしても、人目が気になり自由に行動ができない人もいます。そして、その富に群がる人がおべんちゃらを言いながらおすそ分けを狙い、食い尽くした途端に離れていく。よく聞く話です。

サラリーマン生活にも同じようなことは起こりえます。同期よりも早く出世し、さらに出世レースに勝ち抜いて社長になった。周りからちやほやされ、天下を取った気分です。それが社長を退任した途端、いままで付き従ってきた取り巻きが蜘蛛の子を散らすように一斉に去り、会社勤め時代の知り合いが訪ねてくることもない。

それとは逆に、コツコツと真面目に働き続け、職場の仲間との人間関係を大事にして定年退職を迎える。退職後にも職場の仲間とは関係が続き、たまに連絡を取り合い飲みに行く。

この2つのケースは、実際によくあることです。僕は、無理して出世などせずに本当に良い仲間と良い関係が続けられるような幸せな生き方をしたいと思ってきました。大きな財産や地位や名誉を追い求めるような幸せではなく、素敵な人たちに囲まれて生きていけるような幸せのほうが自分らしいと思っているからです。

それというのも、僕は30歳のときに将来の夢を思い描いていたからです。日本に近い東南アジアの南の島に、気心の知れた友人4家族と永住するという夢です。4家族というのは四季に合わせて1家族は日本に帰国し、残りの3家族でビーチ沿いにリラックスできるカフェやリゾートホテルをつくり、運営するためです。ここにビジネスの最前線で頑張っている人に来ていただき、癒やしの時間と空間を提供して元気を取り戻して日常に戻って頑張ってもらいたい、そんな仕事をしてみたいのです。僕はそこでは名物店長となり、僕の生き方がリタイア後の1つのモデルになっているといいなと昔から考えています。

この思いに至ってからというもの、すっと体が軽くなるというか、穏やかな気持ちになれたのです。そのとき僕は、これから働き続けるなかでは嫌なことや問題にぶつかることもきっとあるだろうと思っていました。それでも自分を会社という枠に無理に当てはめず、働き方を自分の責任でコントロールすることで幸せな未来が見えるようになるかもしれないと夢想しました。自分でどの程度の幸せでいいかを決めると人生がものすごく楽になってきました。

こうした考えを持つことができたのは、それまでにいろいろな経験をしてきたからこそだと思うのですが、もっと若いうちから好きな仲間たちと働ける働き方に舵を切っておけばよかったとさえ思います。

## 幸せな働き方を考えるための4つの象限

ここで言う、人それぞれが幸せになる働き方とは何かを考えるためにシンプルな4つの象限で説明しましょう。縦軸に「やりたい」「やりたくない」、横軸に「安定」「不安定」を取ります。一番幸せだと思うのが、右上の「やりたい」＋「安定」のポジションです。逆に「やりたくない」＋「不安定」が最も不幸な働き方です。

働き方を考えるマトリクス

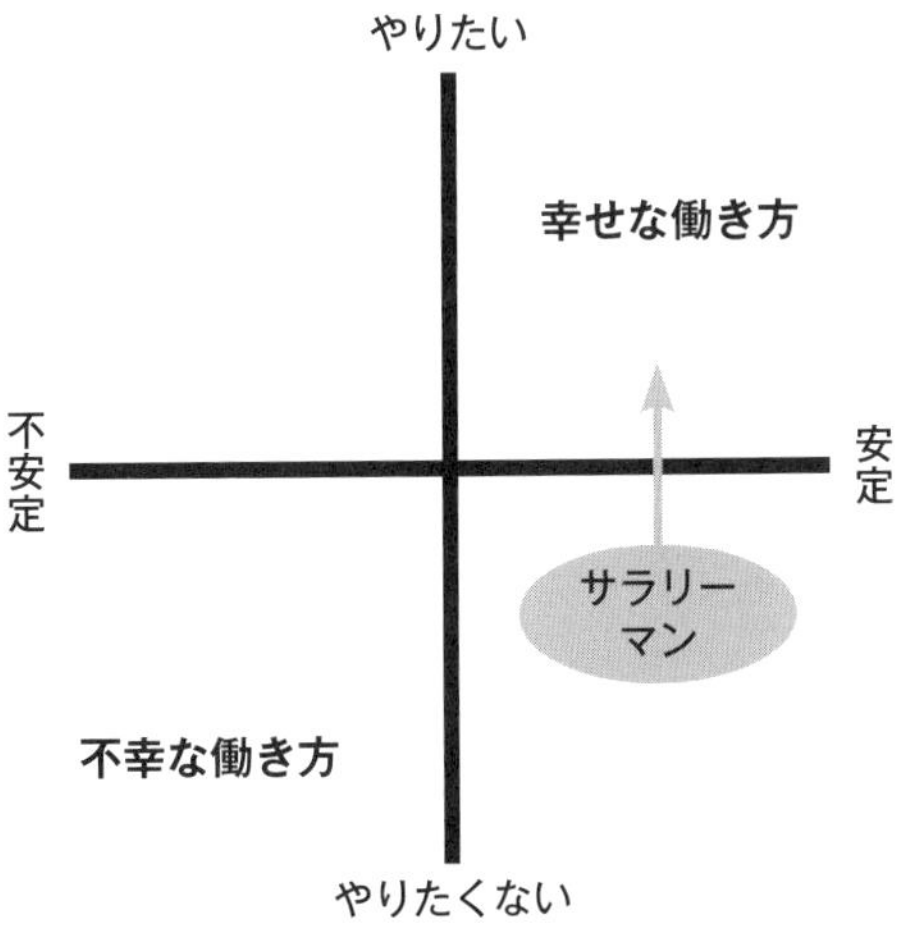


僕の場合、自分で満足のいく仕事を選んだので上部にきますが企業との顧問契約なので契約が切れたら不安定です。だからそうなったときのリスクヘッジとして複数の企業と契約することで右側の「安定」の象限にいること

ができています。

このマトリクスは自分はいまどこにいてどこに行きたいかを考えるのにとても有効です。サラリーマンの場合、右下に位置することが多いと思いますが、それを上部に移すにはどんなスキルや人脈が必要かを考えるきっかけが掴めるからです。

自分の人生を漠然としか考えていないとずるずるといまの働き方を延長することになりかねません。自分にとって幸せな生き方や働き方とは何かと考えることで方向性が見定まります。

## 心の声は「ストレスフリーの人生を送りたい！」

人って、行き先が決まらないと気持ちが充足しないものです。例えば、休みの日に今日は何をしようかと思っているうちになんとなく一日が終わってしまって後悔したりすることがありますが、その日の朝に「今日はこれをしよう！」と決めるとなんだか気持ちが晴れやかになり、やる気が起きます。実際に行動に移せば、その日の夜に今日は疲れたけど充実した一日だったと思えるようなことがあります。

**やることや方向性、目標がはっきりすると人はモチベーションが上がり、ストレスフリーの状態になれるのです。**

これまでの日本人は学校を出て、人が認める良い会社に入り、そこそこ出世して定年を迎えるということが安定的な生き方だと思われてきました。しかし、もはやその生き方が幸せかと言うと一概にそうだとは言えない時代に入っています。働き方がもっと多様化するからです。会社によっては、社員としての契約から個人事業主の契約に切り替えて、働き方の柔軟性をあげているところもあります。

これは一例に過ぎませんが、世間が決めた幸せの概念ではなく、働き手側が自分で決めた幸せのあり方を選択する時代にいま、急速に変わってきているのです。その環境のなかでは、人が決めるのではなく、自分が望む働き方で生活に困らない収入が得られることが最も幸せだと思うのです。

**みな誰もが「ストレスフリーの人生を送りたい！」と心のなかで叫んでいます。その生き方をしたいのなら、自分の人生は自分でコントロールするために必要なことを早いうちから準備しておくことです。**

## 働き方・生き方の中心点が変わってきた！

このようにこれからの日本は働き方がどんどん変わっていきます。昭和40年代半ばに生まれた僕はバブル経済破綻後に就職した世代です。この世代の働き方や生き方の中心は、出世する、偉くなる、大金持ちになることで、目指すベクトルはおおよそ決まっていました。

それがいまの人たちは考え方がバラバラで、仲間と会社を起業する人もいれば、田舎暮らしのなかで働く人もいる。フリーランスや副業をするような人もいて、それが以前とは違い、全く珍しくありません。多種多様な働き方が普通になったことで、人によって大事にしたい中心点が違ってきています。

働き方が多様になってきたなかで、人はそれぞれ前例踏襲的な生き方を選ぶのではなく、自分の性格に合った生き方を選べるような時代に変わってきているということです。いわば、マイポイントが変わったのです。

ただ、働き手が大切にしたいマイポイントが社会で容認されてきているとはいえ、まだまだそこにチャレンジしようとする人が少ない気がします。その表れが、大企業や公務員が新卒での就職先として依然、人気だということです。なかにはとりあえず安定したところに就職して、そこでスキルを身につけたら将来のことを考えようとしている人もいるようですが、全体的に日本はまだまだ安定志向のようです。

そう考えざるを得ないのもわからない気がしないでもありません。日本社会がこれまで終身雇用を前提とし、新卒の人はスペシャリストよりもゼネラリストとして受け入れられることが多かったため、欧米のように学生時代から専門性を身につける動機を強く持たなくてもよいという事情もあるからです。しかし今後は、ＤＸ（デジタルトランスフォーメーション）人材に現れているように、学生時代に専門分野を学んでそのスキルで即戦力として働くように徐々に変わっていくものと思われます。

働き方改革が推進されるなかで、多様な働き方がどんどん生まれてきていますが、それまでの固定観念に縛られた人にとっては、一歩を踏み出すには勇気がいるのかもしれません。しかし、世の中が多様化してきている以上、それに合わせた生き方を考えてみることはとても大事です。そのために必要なこととして、僕は次のようなことを実践していくことがいいと思います。

◉必要なこと

・新たに出会う人たちからの非連続（日常の延長線上にない）な情報や刺激との出会い

・仕事やプライベートを問わず、好奇心をトリガーに何かをはじめる瞬発力・行動力

・ポジティブシンキングをいつも意識すること

・仲間や身近な人たちとの信頼を大事にすること、など

僕がサラリーマンから顧問業に転身したのは、人はいつ死ぬかがわからないので自分らしい幸せな生き方をしたいということと、技術革新と世代交代が早いＩＴ業界でサラリーマンを勤め上げるにはその変化のスピードにキャッチアップしていくためのモチベーションを維持していくのが大変になるだろうと考えたからです。苦労は若い頃に散々したので、これからはストレスフリーの生き方をしたい、それがいまの僕の働き方、生き方のトリガーとなりました。

若い頃の苦労の話をついでにすると、20代から30代はじめの頃にかけて、相当なストレスに苛まれていました。ストレスが溜まりすぎて、朝起きると吐き気をもよおすようになるほどでした。心因性嘔吐のような状態で、いまも過度なストレスがあるとたまに

起こることがあります。これに加えて、突発性難聴で右耳が全く聞こえなくなる症状が出たのです。

こうした症状が出たのは、そのときの環境に体が拒否反応を起こしていたからです。これは僕にとって切実な出来事でした。それでも、サラリーマンを突き進んで行くことが幸せだろうと思っていたので、何があっても我慢して働き続けることになりました。もし僕がそのときの自分にアドバイスできるのなら、もっと自分を大切にしてその環境から離れることを考えるべきだと言っていたと思います。

このときサラリーマンを辞めなかったのは、同世代の仲間たちとお互いの悩みを話したり、そんな仲間が集まるコミュニティをつくることに意識を向けることができたからだと思うのです。**ストレスを消し込むために、気心の知れる人たちと話しあうことができたり、会社とは違う活動を行っていたからだと思います。**このとき、1人で悶々としていたらどうなっていたかわかりません。

悩みは人に話すことで楽になりますし、人に聞いてもらうことで解決への気づきがわかるようになります。このとき、社外に仲間がいて本当に良かったと思っています。

## 続々と社外コミュニティを立ち上げる

社外の仲間が僕を救ってくれたということですが、もちろん社内の仲間を大切にするのは言うまでもありません。社内の人たちというのは同じ価値観のなかで生活をしているので、状況がわかりやすいものです。同じ釜の飯を食う仲間は一生の友と言うようにとても大切です。ただ、社内の人だから話せないようなこともあります。ここはバランスの問題ですが、社外に悩みを打ち明けられる仲間がいることは絶対に必要です。

悩みを聞いてくれるというのはそれ自体を目的とするわけではなく、**社外の人とのタッチポイントをつくっているとアンテナが高くなり行動力も上がっていくことは間違いないことです。**これにより仕事へのモチベーションも高まるので、そこからストレスからの解消もあったりします。だから、社外活動は一所懸命やるべきなのです。

そして社外活動は自己成長に意味を持たせられることにもっと目を向けるべきだと考えます。これには2つあると思います。

**1つが、メンターのような人をつくることです。**同業の先輩やその道のプロなど、自分に忌憚なく意見を言ってくれる人です。自分以外の目で批評してもらうことは、自分の知らない一面を知るうえでとても貴重です。

**もう1つは、自分を向上させるためのグループに参加することです。**僕は学生時代にダンスが趣味で、ダンスチームに参加していました。これと同じように、仕事の幅を広げるためにはじめたのが第1章で紹介した「ギャラリーカフェバー縁縁《えんえん》」という人脈形成の場です。その次にはじめたのが「顔の見えるビジネス交流会」です。「縁縁」では広く人脈ができましたが、もっと濃い人脈、つまり深く何かしらをビジネスに結びつけていけるように深く話しあえる人たちが必要だということが動機でした。さらにもう一歩、横の人脈形成のために「芝浦ハーバーラウンジ」をつくり、ベンチャースタートアップが自分の最大の関心事のときには「ゼロイチラボ」を立ち上げました。

40代半ばになってからは、趣味の分野で大人のたしなみを身につけたいと思い、「ワインコミュニティ」に参加しました。そして「en@PLUSTOKYO」は新たなスタイルの上質な人脈形成が目的のコミュニティです。

それぞれのコミュニティを簡単に説明すると、芝浦ハーバーラウンジは30代半ばに幹事メンバーの一人としてはじめました。東京・田町のレストランバーに毎週木曜日「ク

## これまで関わってきた主なコミュニティ

| | |
|---|---|
| ギャラリーカフェバー縁縁 | 多くの人脈の形成 |
| 顔の見えるビジネス交流会 | 濃い人脈の形成 |
| 芝浦ハーバーラウンジ | サードプレイスと横の人脈の形成 |
| ゼロイチラボ | 新たな興味領域ベンチャー・スタートアップ人脈の形成 |
| ワインコミュニティ | 大人の趣向グループの形成 |
| en @ PLUSTOKYO | 上質な人脈形成 |

コミュニティはそのとき、その時代の自分に必要な目的に合わせてつくって活動してきた。

リエイターズナイト」「ワールドスポーツナイト」といったテーマを設定し、そのテーマに興味のある人たちのコミュニティです。スタートから7年ほどで1回平均50人、延べ7千人ほどが集まっています。

ゼロイチラボはネット広告会社のD2Cに在籍していたときにつくった、社内の人とスタートアップベンチャーの方々の業界交流の場です。AI（人工知能）やXR（クロスリアリティ）など月に1回テーマを決めての勉強会で新事業などを考える場です。

en@PLUSTOKYOは東京・銀座のクラブスペースでクラブカルチャー×ビジネスマッチングをテーマにした定例イベントです。1回に300人以上が集まります。ワインコミュニティは僕がワインソムリエの資格を取るときに通った学校の仲間たちと上級の趣味を共有するための場です。

こうしたコミュニティでのコミュニケーションは日常生活の導線上では出会えないさまざまなバックグラウンドを持った人たちとの接点となり、いろいろなことに気づきを与えてくれるのでとても刺激になりますし、参加者同士が遠慮なくいろいろと言える仲になることで自分が研ぎ澄まされていきます。人脈だけでなく、人間としての幅を広げる活動ともいえます。

## 呼びかけられる人になる4つのポイント

こうした社外活動の場に身を置くと、自分の立ち位置が見えてきます。また、社内だけしか知らないと将来への夢が広がりませんし、リスクヘッジもできません。

例えば大企業の管理職の人が、さらにその上を目指そうとモチベーションを上げて頑張り出すとします。英語や交渉のスキルを磨いたり、他部署の協力者と連携を図ったり、上級幹部に自分を印象づけるためのことに勤しむ。こうして知らぬ間に出世レースに乗ったものの、人間関係の問題で梯子《はしご》を外される。こうしたリスクは案外多いのではないでしょうか。実際に僕はこうした経験をしたから、社外の人脈も大事に考えるようになりました。

また、社内だけで仕事をしていると外の変化に気づかなくなることもあります。いま担当している仕事について同業他社の人と話していたら、いままで井の中の蛙《かわず》にいたということもよくあります。新技術だと思っていたことがもはやレガシー化が進んでいるという話もたくさんあります。

こうしたことを防ぐには外との関係を強くすることです。外との関係が強くなるほど、情報の正確性や精密性が高くなります。そうした情報を得るには、信用度の高い人たちとの人脈を多くつくることです。

信用できる人たちとの関係性は、自分自身が呼びかけてもらえる人になることを目指します。それには仕事やプライベートで培った「知識」「経験」「人脈」が生きてきます。この3つがバランスよく整うと、市場価値の高い人になれるのです。さらに市場価値を高めるには、好かれる人柄も必要です。**「知識」「経験」「人脈」そして「人柄」が揃えば、肩書ではなく個人としての市場価値ができあがります。**

市場価値の高い人は、この4つがしっかり備わっているからこそ、どこからも声がかかってくるわけです。しかし、呼ばれた先で十分な成果を出すには、その職場の人たちとストレスなく働けることが重要です。

**そのために必要なのが、「傾聴」「ポジティブシンキング」「笑顔」です。**傾聴する気持ちがある人は相手を尊重する気持ちも併せ持っています。「ポジティブシンキング」は、コンフリクトやトラブルが相次ぐとつい目線が下がってネガティブな発想に陥りがちなとき、それを元のあるべき視座に戻すのにとても役立ちます。また、笑顔で人と接する人は相手との距離が自然と縮まります。こうしたことを意識して会話できる人は信頼感を得ることができます。

**さらに、自分のスキルに自信を持ちながらも謙虚でいることとの「自信と謙虚のバランス」が取れているとなおよいでしょう。**

## オンラインとオフラインをうまく組み合わせる！

これからの時代のＳＮＳは実名勝負が大事になっていきます。そのため、実名勝負で見つけてもらう工夫をしていく必要があります。

例えば、自分のキャラクターの露出はオンラインとオフラインを一緒にしてビジネスで活用していくことです。それが新たな縁を生み出すことになります。

**自分自身の売り出し方も転職や副業が当たり前になったいまでは自己アピールしたもの勝ちです。そこで、マイプロフィールを徹底的に整理して固めていく必要があります。**

マイプロフィールはやり過ぎなぐらいがちょうどいいです。

転職活動をするなら、企業の人事部の人がSNSの書き込みをチェックしていることをイメージしてプロフィールを考えます。

こうしたことはこれからの時代に必要な新たなスキルです。コロナ禍で働き方のスタイルがより自由に選択できる環境が広がりつつあるなかでは、実名SNSアカウントをビジネスに活用できている人とそうでない人の差はさらに広がっていきます。

**オンラインのプロフィールのつくり方のポイントは、プロフィールをしっかりと固めること、サムネイル画像はすべてのSNSで同じものを使うこと、複数のSNSがあれば自分のイメージを統一したものとして打ち出していくことです。**

こうしたことを地道に続けていくことで、思わぬ出会いやチャンスに巡り会える確率を急拡大させます。僕もこうしたことに気をつけてSNSを活用していて、思いがけない人から連絡があったり、投稿の流れからリアルな場でランチしながら商談することになったりしています。オンラインとオフラインの横断ということです。

参考までに僕のマイプロフィールは次のページのような感じです。

これはフェイスブックやリンクトインだったり、ｎｏｔｅなどに投稿しているもので、プロフィールとして活用しています。

サムネイル画像の統一性では、仕事で使うイメージのため、ビジネス感が伝わることと笑顔で人当たりの良さそうな写真を選んでいます。カメラ目線じゃなく、自然体のものにこだわっています。そしてフェイスブックには若い頃の写真をアップしていますが、僕のキャラクターを理解してもらうという目的です。

リンクトインは英語がそれほど得意ではないのであまり積極的には活用できてないのですが、英語が得意なら転職活動する人には選択肢が広がるツールだと思います。自分のビジョンをはっきり示したい人はリンクトインを積極的に使うべきでしょう。セルフブランディングにつながるからです。

## マイプロフィールの例

・1971年生まれ。中央大学法学部政治学科卒業。デジタルハリウッド本科クリエイティブ科卒業。

・1994年株式会社丸井入社。その後映像クリエイター・VJ活動を経て、1997年よりGateway Japan、PCCW Japanなど外資系企業にて新規WEBサービスの立ち上げにプロデューサーとして参画。その後、株式会社USENにて新規インターネットビジネスの立ち上げ及びインターネット事業部門責任者に従事。株式会社medibaにて新規モバイル事業立ち上げ責任者を経て、2011年8月から株式会社D2Cでコンシューマ事業部門長に従事。

・2004年～2016年には、社外で共同オーナー制を用いたコミュニティー飲食店麻布十番「ギャラリーカフェバー縁縁」を立ち上げ、2000名を超えるコミュニティサロンを運営。

・2017年10月に株式会社JYLINKを創業、代表取締役に就任。スタートアップ・ベンチャーを中心に企業の顧問・アドバイザーとして10社ほど経営に参画しIT業界の発展に従事。

・経営者トークライブ番組「JJの部屋」、ミドル世代のライフスタイルを考えるFMラジオ番組「大人のミライ」パーソナリティ。グローバルITメディア「Ubergizmo」オフィシャルジャーナリスト。

・Showcase主催「SmartPitch」、野村證券主催「VENTURE PITCH」、ZUUonline主催「NEXTユニコーン」などスタートアップピッチイベントのコメンテーター。

・ビジネスコンテスト、アプリコンテストなどの審査員歴:KBC慶応ビジネスコンテスト、NICT起業家甲子園、京大グローバルコンペティション、WRO-World RobotOlympiad、Device2Cloudコンテスト、AXELERATA PITCH EVENTなど

・スタートアップとVC、事業会社とのミートアップ「ゼロイチラボ」元主催

・全国小中高アプリ開発コンテスト「アプリ甲子園」元総合監督

・芝浦ハーバーラウンジ主催幹事（2014年～6周年 200回の交流イベントを実施 通算7000名様以上参加）

・音楽とビジネスネットワーキングという新たなコンセプト[en@PLUS TOKYO]主催幹事（延べ1500名以上参加）

※以下、登壇・執筆実績、公開プロフィールURL等を記載しています。

また、これからは音声型ＳＮＳやユーチューブなどを使った動画配信も活用すると一層セルフブランディングの効果が高まります。

## コミュニティとキャリアアップの関係性を紐解こう！

これまで述べてきたように、僕は次のステップに進むためにコミュニティをつくったり参加したりしてきました。正しく言えば、これまでの遍歴のなかで、偶然のものもあったし、意図してキャリアアップのためにつくったコミュニティもあります。

僕にとってコミュニティとはまさに次のステップの踊り場であり、スタート台でした。次のステップアップのためにはなくてはならないのがコミュニティだったわけです。

コミュニティにはなるべく多く参加することで、それに比例してチャンスに出会える可能性も増え、それを続けることで人脈の好循環がスパイラル的に回っていきます。参加意欲を高めるのが、好奇心です。**好奇心がチャンスを広げる縁を呼びます。**そのためには、人に好かれるスキルが大事です。

## オンとオフを切り分けない！

オンラインとオフラインを組み合わせたコミュニケーションが大事だと先述しましたが、人との接し方も仕事とプライベートを切り分ける必要はないと思っています。普通、オンは仕事の時間、オフはプライベートの時間と捉えられます。仕事を定時に切り上げて、自分の時間を有意義に使うことでストレスフリーな人生を送ろうというのがワークライフバランスです。

ワークライフバランスの主旨はとても大事だと思います。日本人は働き過ぎというよりも働き方が上手ではなかったのかなと思うことがあります。上司の目を気にして仕事が終わっても帰宅することがためらわれたり、前の晩の過度な飲みニケーションで午前中からフルスピードで仕事ができなかったり、残業時間の長さが勲章だったりと、いびつな働き方が多かったことにより弊害を生んだこともあると思うのです。

その末に、誰もが長時間労働を普通だと思い、体力以上に働いてダウン。何のため、誰のための仕事かがわからなくなるなかで一度立ち止まること、そして心に余裕を持たせた働き方がワークライフバランスと言われて、ようやく気づいたようなものです。

ただ、ワークライフバランスとは、プライベートを充実させるために、働く時間に一定の制約を加えるものだと捉えられ、働くことが充実するようなポジティブな意識転換にまでは至っていない気がします。労働が苦役なままだと、いくらワークライフバランスを進めてみても幸せにはなれないと思うのです。

いみじくもコロナ禍で在宅勤務が進みました。在宅では仕事時間が管理できないという人がいる一方で、時間の使い方の裁量が自分にあるとのことで仕事の仕方を工夫して生活のなかに仕事を組み込ませる発想も出てきています。

**本来しなければならないのは、仕事もプライベートも充実させることであるはずです。つまり、ワークアズライフです。**極論を言えば、ワークライフバランスからワークアズライフへの意識転換が必要なのが、アフターコロナではないでしょうか。

アフターコロナではもっと働き方が多様化します。働く場所の問題だけではなく、誰と一緒に働くか、どんな時間帯で働くか、ということもどんどん変わっていきます。そのなかでは仕事とプライベートを切り分けることは難しくなると思います。

ならば、生活の一部として仕事もプライベートも捉え、働くことが楽しくなるには何をすればいいのかを考えることが幸せに生きることにつながるのではないでしょうか。

これは、さまざまな人との接点があることで可能な働き方です。人とどのように協同するかで働きやすさというものに工夫が加えられるのではと思っています。

## 社内だけを見ていると、外の世界での変化に気づかない！

日本の自動車メーカーがハイブリッド車の開発に躍起になっているときに、欧米では脱炭素化社会の実現として２０３０年に完全なＥＶ化を果たすというニュースを知ったとき、国内だけを見ていたら世界から取り残される、自動車だけの話ではなく世界がこれほどグローバル化が進むなかで、身の回りのことだけしか知らなければとんでもないリスクだと思いました。

僕の知り合いのテレビや新聞、広告などのマスメディアの人たちがそれぞれの業界の危機を語るのですが、日本の新聞をどうにかしないとか、テレビはインターネットとの関係をもっと緊密にしないとなど、ドメスティックな課題として捉えていることにちょっと違和感を覚えました。

同じマスメディアで双方のつながりとか、他の業態とのアライアンスとかの話は出てこず、自分の会社の立ち位置でしか危機が見えないことに対してです。その人たちは中間管理職で日々の仕事に忙殺されていることと、メディアの危機が叫ばれる以前は世間が羨む人気企業のぬるま湯に浸かっていたことで、危機的状況への気づきが遅れたのかもしれません。

彼らは仕事柄決して外とのつながりが弱いということはないはずですが、いや、むしろ普通の人たちよりも多いと思いますが、社内で出世していくプロセスで視点が会社中心になってきてしまうと、いかに社内で上に行くかという考えに支配されてくるようなのです。そうなると、社内政治に関わるようになり、社内の有力者とのコネクションづくりに走ることになります。

これからの時代はこれまで順調に成長してきた業界であっても、その成長が持続できるとは限りません。僕がはじめに働きはじめた百貨店業界もかつての華やかさが失われ、ネット通販やグループ会社のコンビニなどの利益で経営を維持したりしています。

**外の世界の変化に気づくには、外に出ないとわかりません。外に出て、いろいろな人の情報に触れることが早く変化に気づくことになるのです。**

**世間の変化を早く知り、それに柔軟に対応できるかどうかが、幸せに生きることのカギになるのだと思います。**

僕はいろいろな人たちとの交流からわかったことですが、外に目を向け続けている人ほど変化への対応が早く、リスクマネジメントがしっかりしています。危機に直面しても、誰かに連絡してその危機を乗り切っている場面に遭遇したこともあります。

社内での出世という欲に駆られずに、バランス感覚を持って危機があっても楽観的に乗り越えられるように、社外人脈を多く持つことをおすすめします。

## 即メモ、即レスのススメ

外部の世界の人たちとの出会いを広げることの大切さを知った僕は、人の話は宝の山だと思うことがよくあり、人生の方位磁針になるような言葉から行動に移すということが多いのです。ある人の話に感銘を受けて、ワインの勉強をはじめたのもそうですし、ゴルフもそうです。そして、そこでまた新たな人脈が生まれて、刺激のある言葉をかけてもらえる。この循環があって、僕の人としての幅も以前とは比べものにならないほど大きくなっていっています。

一期一会ではないですが、**出会いそのものと同じように出会った人からかけてもらった言葉や気づいたことをそのまま聞き流さず、ちゃんと受け止めて咀嚼するセンスとノウハウを身につけることも人脈を自己成長のために活かすには極めて重要なことです。**

これも僕の経験則ですが、**人と対話していてメモする人としない人ではその後の成長に大きな開きが出てきます。**僕はメモの大切さを実感しているので、メモ魔のようにメモをします。夜中に目覚めて何回もメモることがあるほどです。

**僕の流儀というかメモについて気をつけていることは、「すぐにメモすること」です。**単純に僕は聞いたことを長々と覚えることができないからということもあるからです。以前は紙の手帳を使っていましたが、いまはもっぱらスマホです。スマホなら取り出してすぐにメモができます。アプリも特別なものではなく、すぐに開けて打ち込める、とてもシンプルなものです。

**そして「メモしたことをすぐに実行すること」です。**僕の性分として、メモしたことを溜めていたらいつまでたっても処理しません。だったらすぐに処理したほうがいい。

知り得た情報を各顧問先に翌朝には発信する、買う必要があるものを見つけたらすぐに買いに行く、企画のテーマのヒントを得たらすぐに企画書を書く、レスポンスが必要ならすぐ送る、こうしたことを翌日にはすべて完了させるようにしています。

メモを溜めて、後で振り返るという人もいますが、僕の場合は仮に溜めるようなことがあったらたぶん一切見ないと思います。すぐに行動すべきことは即刻処理することが時間のムダにもなりません。

行動するためのメモとも言えるわけですが、メモを取りながらそのメモを仕事の何に使おうかとか、誰に教えればもっと有効になるかとかを考える癖がついています。

そうやって人から話を聞くときは副次利用を考えながらメモを取っています。メモする習慣は大事ですが、それ以上にそのメモをどう使うかを考えることが圧倒的に大事です。それが人との出会いや人との会話をムダにしない確率を上げ、そのメモからこれに使える、あれにも使える、彼にも話したほうがいい、この人にも教えてあげよう、と1つのネタをいくつにも広げていける癖や思考回路を身につけることがすごく大事です。

自分を振り返ってみると、僕はこうしたことを日常的に繰り返しています。このような人との話をメモして応用するようになったのは、プロデューサー職を経験したことで情報をいろいろと組み合わせることを実践したことが大きかったと思います。

**メモは、即時に副次利用すること、これがポイントです。**

**「即メモ」同様に実践していることに、「即レス」があります。**「めちゃめちゃレスポンスの早い人」と「しばらくしてレスポンスが返ってくる人」、この2タイプがあるとしたら、好まれるのは「めちゃめちゃレスポンスの早い人」です。

会社の顧問をしていると経営者との連絡のやり取りも多いのですが、最近の経営者はめちゃめちゃレスが早いです。タクシーで移動中に、短文でどんどん返してきます。スマホ時代では、この速さが大事です。

忙しかったので丸一日放置、なんていう人は少し残念に思います。連絡するとすぐに返信が来る人ほど経営幹部に多いのですが、つまり出世するような人は仕事が早い、懸案事項を溜めておかないとわかったことで僕も「即レス」を実践するようになりました。

何か答えに困ったので返信をためらうというような場合でも、すぐに何らかの連絡をすることでメッセンジャーのやり取りがはじまり、そのやり取りのなかで問題が解決するようなことも多いです。だから、とにかく「即レス」することを心がけています。

「即レス」に関連して、僕は後悔していることがあります。サラリーマンになった当初、僕は縁をあまり意識していませんでした。忙しさのあまり、相談に乗ってくれる人を紹介されながら面倒がって、連絡をしないこともありました。いま考えたら新しいチャンスを自分からつぶしてしまった行為だったと後悔しています。

おそらくこうしたことは誰にも少なからずあることなのではないでしょうか。せっかく知り合ったのに、いまは役に立たない、いまは自分の仕事の延長線上にはないということで連絡を後回しにしたり、そのまま放置してしまうことです。

でも10年後の自分を考えたとき、実はあのときの縁がいまとても活きていたかもしれないとの後悔の念があります。忙しくても、一度は聞く耳を持つべきなのです。

## 第2章　人脈づくりのポイント

□やることや方向性、目標がはっきりすると人はモチベーションが上がり、ストレスフリーの状態になれる。

□ストレスフリーの生き方をしたいのなら、自分の人生は自分でコントロールするために必要なことを早いうちから準備しておく。

□多様化する社会で生き抜くうえで必要なことは、「新たに出会う人たちからの非連続（日常の延長線上にない）な情報や刺激との出会い」「仕事やプライベートを問わず、好奇心をトリガーに何かをはじめる瞬発力・行動力」「ポジティブシンキングをいつも意識すること」「仲間や身近な人たちとの信頼を大事にすること」。

□ストレスを消し込むために、気心の知れる人たちと話しあったり、会社とは違う活動を行ったりする。

□社外の人とのタッチポイントをつくっているとアンテナが高くなり行動力も上がっていく。

□社外活動による自己成長に必要なことは、メンターのような人をつくることと自分を向上させるためのグループに参加すること。

□「知識」「経験」「人脈」そして「人柄」が揃えば、肩書ではなく個人としての市場価値ができあがる。

□ストレスなく働くには、「傾聴」「ポジティブシンキング」「笑顔」

□自分のスキルに自信を持ちながら謙虚でいることの「自信と謙虚のバランス」を取る。

□自分自身の売り出し方も転職や副業が当たり前になったいまでは自己アピールしたもの勝ち。そのために、マイプロフィールを徹底的に整理して固めていく。

□オンラインのプロフィールのつくり方のポイントは、プロフィールをしっかりと固めること、サムネイル画像はすべてのSNSで同じものを使うこと、複数のSNSがあれば自分のイメージを統一したものとして打ち出していくこと。

□好奇心がチャンスを広げる縁を呼ぶ。

□本来しなければならないのは、仕事もプライベートも充実させること、つまり、ワークアズライフ。

□外に出て、いろいろな人の情報に触れることが早く変化に気づくことになる。

□世間の変化を早く知り、それに柔軟に対応できるかどうかが、幸せに生きることのカギになる。

□出会いそのものと同じように出会った人からかけてもらった言葉や気づいたことをそのまま聞き流さず、ちゃんと受け止めて咀嚼するセンスとノウハウを身につけることも人脈を自己成長のために活かすには極めて重要なこと。

□人と対話していてメモする人としない人ではその後の成長に大きな開きが出てくる。

□メモしたことをすぐに実行する。

□メモは、即時に副次利用する。

□「即メモ」同様に「即レス」を実践する。

第３章

# 人脈を棚卸しする

## 出会いに意味を持たせる人、無関心な人

人の話を聞いていてもそのままスルーしちゃう人と、人の話をキチッと自分のなかで受け止める人がいます。この人と出会ったことによって、自分にとってどういう効果や意味があるのかということを考えられる人がいる一方で、人を紹介されても「ああそうですね」という素振りで、通り一遍の挨拶しかしない人がいます。

例えば、店舗のルート営業の引き継ぎなどで前任者が後任の人をお店の担当者に紹介するときに、できる営業は担当の方にお店としての課題などを聞き出して共有したりします。お店の課題に対して、自社がどう協力すればいいかを考えるためにです。しかしダメな営業だと名刺交換して終わりにしてしまいます。これでは相手の印象には残りません。

これまでいろいろな人との出会いがありましたが、相手が僕に会うことに何らかのテーマを持って話を聞こうという姿勢がある人は大体それなりの肩書を持つ人です。**仕事ができる人ほど、出会いそのものに何らかの課題やテーマを整理して臨んでいることを感じます。**

僕がコミュニティを主催している目的の1つが、そこに集まる人たちがそれぞれの夢を叶えるためだということがあります。僕自身は一人ひとりの出会いに対して、彼と会うんだったらこんなことを話したいとか、こんなことを聞き出したいとかをイメージしながら臨むことが多いのです。これは意識してやっていることであり、意識すべきことだと思います。**僕が相手に興味を持って話すことで、相手も興が乗っていろいろと自発的に話し出してくれます。こうなるとものすごく盛り上がり、化学反応の度合いが急激に跳ね上がります。こうしたことから創発が生まれたりもします。**

逆に相手に関心を向けているのに、全く響かない人もいます。僕に対して無関心なのか、「この人は今後お付き合いする可能性があまりないかも」と会話が急速にしぼんでいきます。

コミュニティというのは参加者は何かしら目的を持って参加しています。とくに異業種交流会などはただ出会って終わりではなく、何らか自分にとって意味があるものを求めています。そうした場に参加するには前準備が必要だし、どんな出会いを自分は求めているのかを理解していると、人に会う価値が自然と高まります。

それに加え、先述した「即メモ」のように、その場で即時利用や副次利用がイメージできると、具体的に双方にとってメリットのある具体的なアクションに移れます。例えば、僕はこういう仲間を連れてくるので、1回オフ会でもしませんかという展開につながります。

つまり、**出会いに意味を持たせるとは、一期一会かもしれない出会いを無駄にしないために、テーマを持って人と接するということです。これが習慣になっていれば人脈は広がるし、その人脈からさまざまなベネフィットが享受できるようになります。**

それなのに出会いをないがしろにしている人が非常に多いと思います。そうした人はたぶん、人の出会いの価値を理解していないのでしょう。

例えばですが、セミナーなどの講座を受けに行ったとします。その講座の内容そのものにも価値はあると思いますが、その場に参加した人との出会いにもっと大きな価値があります。講師はもちろん、そこに参加している人たちは同じ課題を持っている人たちです。同じテーマで情報交換できる人たちが集まっているのに、講座内容を聞き終えたらさっさと帰るのでは、僕からすると全然その講座を活かしていません。せめて、周囲の人と講師とは名刺交換したらどうでしょうか。

ただ、コロナ禍ではこうしたコミュニケーションが取れなくなり、そこは問題だと思っています。オンラインセミナーやカンファレンスでも参加者同士がつながるような仕組みができれば、とても意義のあることだと思っています。

## 出会いに意味を持たせると関係がしなやかになる

セミナーの参加者は課題が共通なのだから、そもそもそこでの出会いには意味があるはずです。そのセミナーが有料なら、せっかくお金を払っているのだから元手以上のものを取ると考えてみてはどうでしょうか。

僕は参加者がみな初対面の場で、少人数同士の距離を急速に近づけるテクニックとして「笑顔」と、仲間だと認め合う魔法の言葉「アミーゴ」（165ページ参照）の2つを使っています。まずは笑顔で近づきちょっとした会話をします。そのとき、テーマを何にするかを頭のなかではっきりと浮かび上がらせ、それをそこにいる人たちと共有できるように話します。そこが基点となり、お互いが情報交換するように会話を回していきます。回すというか、課題が共通になれば、皆勝手に話し出します。

こうしてお互いにある程度バックグラウンドが理解できた会話だと、会話のテーマをボールにして複合ラリーがはじまります。それがどんどん弾んでいくと、話のポイントを取るスマッシュも打ち返せます。

スマッシュを打つには、話の全体像を理解していないといけないですから、**ここで大事なことは聴く姿勢、いわゆる傾聴姿勢です。**会話というのは多く話せばいいというものでもありません。相手が8割話したとして、自分は2割でも、この2割のなかにスマッシュヒットがあればその会話のバランスを保てます。

## 社内の縦の人脈と社外の横の人脈

人脈は適宜棚卸しして、整理することも大事です。ビジネスの場合、まず縦の人脈と横の人脈を基準にして考えます。

縦の人脈とは、自分がいま携わっている仕事の領域の人脈のことです。例えば営業職だとしたら、営業関係の人のつながりが縦の人脈です。これは社内もいれば、社外の同業の営業の仲間などもあります。横の人脈とは、自動車販売の営業だったら、自動車営業以外の人たちです。

**優先順位としては、今後のキャリアアップのためにはこれから人生経験を積んで、より豊かな人たちと出会っていくためには、縦を充実させるとよいでしょう。**いまの仕事の基軸をつくるにはまずは縦をしっかりさせます。縦の人脈が社内から社外に拡大していくと、どんどん自分の得意分野が増強され、それが自信となることで裁量も増えていきます。それが出世につながり給料も上がる。さらには市場価値が上がり、転職もしやすくなります。1つの道をやり続けることで、例えば営業マンから営業部長になるという、専門職でのキャリアアップも図れます。

そして、**人生の豊かさをさらに広げる、新たなチャンスを見つける、アンテナを伸ばす、非連続な人生をおくれるというようになるには、横の人脈の拡大です。**横の人脈は、縦の人脈が6割程度できたところで本格的に構築していくのがいいのだとも思います。縦の人脈が6割のイメージは、課長になって給料も4桁が見えてきた30歳あたりの感じです。

よく保険のトップセールスの方の話で聞くことですが、保険の知識はもちろんのことですが、ゴルフや自動車、海外旅行など顧客のプライベートの趣味に合わせていろいろなことに詳しかったりするそうです。横の情報に強いということですが、それは顧客が海外旅行に行くときに、旅行会社でさえ知らない地元の名店や名スポット、お土産などの顧客が喜ぶ情報提供をしたりして、顧客との絆を深めるようにしているからだそうです。つまり、会話を拡張させる引き出しです。引き出しはたくさんあればあるほど、有効です。

僕の場合、ワインソムリエとしてのワインの知識があります。仕事の関係先の上層部の人たちはワイン好きが多いのですが、会食のときに銘柄や美味しさなどからリコメンドしてさしあげるとめちゃめちゃ喜ばれます。

ワイン談義から仕事が成約することもあります。会食のメニューを見て、それに合ったワインをリストから選ぶときになぜこれが推奨できるのかをちょっとしたウンチクを入れて軽く説明します。ディープに説明しすぎないことがコツです。専門家風に説明し過ぎると嫌がられるからです。産地やブドウの種類程度の説明です。あとは会食相手がワインについて訊いてくれればそれに答えていきます。

## 人脈の同心円を広げる

人脈はまずは縦を軸にして、横を広げていくという順番ですが、図にすると縦の人脈というコアがあって、その周りをどんどん横の人脈で広げていく同心円のようになります。コアの部分も広げながらその周囲の円も広げて膨らませていくイメージです。

例えば、あなたが自動車販売会社の営業職だとします。縦の人脈は社内の人や取引先、ライバル会社の営業マンなどです。自発的に社外の勉強会に参加したり、知人のツテから紹介されたりして横の人脈が徐々に広がってきました。仕事に絡むものとしてはベンチャー企業の社長や広告会社のクリエイター、イラストレーターなどがいます。仕事以外では、地元の飲み屋で知り合ったフラワーアレンジメントの人やちょっと有名なダンサーとかがいます。

あるとき営業課長から新車販売のフェアのイベントの企画を考えるようにと指示されました。はじめてイベントを担当することになり、どうしたものかと考えているときに、広告会社の知人が思い浮かびます。すぐにその人に連絡を取り、イベントの企画や運営についてレクチャーを受けます。店舗周辺の人たちを集客してのイベントなので、ファ

## 人脈の同心円の例

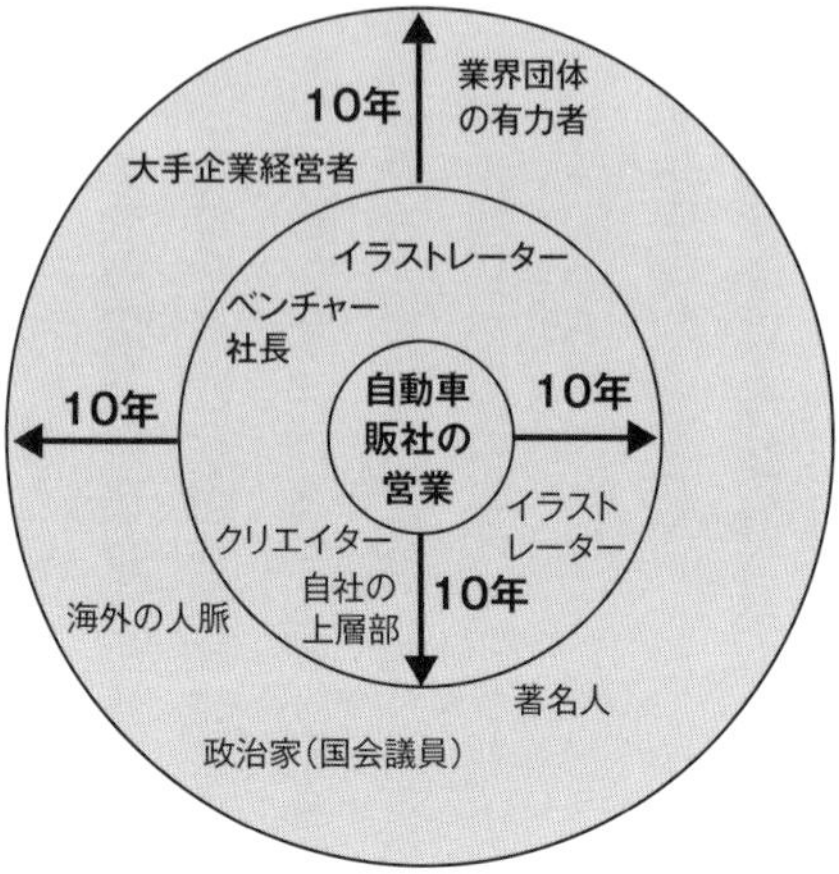


ミリー層を中心にアイデア出しをしていくうちに、夫婦の場合、実は購買の決定権のカギを握るのが女性側だとわかり、女性客に喜ばれるようにとミニフラワーアレンジメント教室や子どもと一緒に楽しめるミニダンス教室などを企画しました。このアイデアは、行きつけの飲み屋の常連客との会話から発想しました。

**人脈を広げる目的ではなくても、外の活動をしていくことでこうした自分の仕事に役立つ友人知人が広がっていくことになります。社外活動は思わぬところで役に立つのです。これを意図的に行えば、もっと面白い人脈が広がります。**

ビジネスパーソンだと人事異動はつきものです。営業から開発、生産部門から管理部門などこれまでと違ったスキルが求められる異動のとき、人脈がモノを言うことがあります。

これが、横の人脈の強みです。僕自身、芝浦ハーバーラウンジでの活動を通して、プロのダンサーや写真家、僕がいままで仕事を一緒にするようなことがなかった業種の人たち、クラブのホステスなど急激に横の人脈が広がりました。

クラブのホステスの方と知り合いになったことで、仕事で助けられたことがあります。新規サービスを立ち上げるときに女性が男性に接する際にどんなことに注意すればよいかが問題になったのですが、それについていろいろ情報を集めたいとなり、思い浮かんだのが芝浦ハーバーラウンジの常連客のホステスの方でした。相談すると、欲しい情報がすぐに集まりました。これはすごいと思った瞬間です。

横の人脈の同心円がまずは身近な常連客が集まるバーや居酒屋、趣味の活動からさらにもう一段上げて、若手経営者や専門家を集めての勉強会やミートアップなど同心円の層をどんどん広げていくと、10年後にはどんな人脈同心円に育っているか、とても楽しみではないでしょうか。僕はこの同心円のなかの人たちとの集まりが楽しかったから社外活動を続けていますが、当初はキャリアのためにという考えは全くありませんでした。しかし、この人脈同心円のおかげで50歳になって、本当に自分がしたいと思った働き方ができるようになったのです。

**人脈同心円を描くと、10年後に活きるネットワークが見えてきます。**いま、コアの隣のレイヤーのA課長が10年後にはその上のレイヤーに移動するとします。するとその人は部長になっているかもしれません。また、起業をしたばかりの30代のBさんの10年後は上場社長になっているかもしれません。もちろん、その10年の間に無理しない関係を維持していることが前提ですが、そう考えることができます。

このあたりは自分のために打算的に考えるのではなく、ともに成長したいという思いで見るのがいいと思います。

## 人脈は適宜整理する

これほどに横の人脈の威力はすごいことになる可能性があるわけです。**縦の人脈とい**

**うのは真面目に頑張っていれば自然に構築できます。しかし、横の人脈は遊びの要素がないとなかなか築けないかもしれません。**変わった趣味のサークル活動をしていたり、アマチュアバンドで定期的に演奏会をしているような人ほど、横の人脈は広がりやすいです。遊び人ほど人脈が広いと言われたりもします。**良き遊び人になること、これが横の人脈づくりのカギかもしれません。**

異業種の人たちとの出会いの場に参加することで面白いのは、コアに近い同心円の人たちがどんどん成長していって、外側のレイヤーにステップアップしていくのをリアルタイムで見られることです。

「ギャラリーカフェバー縁縁」で出会った当時の企業の人事責任者やコンテンツディレクターがいまはベンチャーの社長になっていたりします。ひとつ上のレイヤーに上がったパターンです。こうした人たちとの交流が化学反応を起こして、新たな交流会をつくったりもしました。そのうちの1つのフットサルチーム内では人が人を紹介するということがぐるぐると回っています。これでさらに同心円は膨らんでいきました。

こうしてできた人脈は膨れたままにせず、一度整理してみて、人脈の棚卸しをすることが大事です。これが、戦略的人脈の起点になります。

**人脈の棚卸しをすることで、自分に足りない人脈がわかってきます。**僕が芝浦ハーバーラウンジでのコミュニティ活動として「クリエーターズナイト」をはじめたのは、プロデューサー的な仕事が増えてきたことで、Webデザイナーやイラストレーターといったクリエイティブな仕事をしている人たちと出会う必要があったからでした。マーケティング会社の顧問や広報PR会社の顧問となったときは、専門家たちとのつながりを持つことで知識を固めるために出会いの場所をつくって人を集め、そこに参加することで足りない部分を補完していきました。これは人脈を増やす作業です。

一方で、棚卸しには減らす作業もあります。人脈を減らすというとちょっと語弊がありますが、一度知り合ったからといって無理に関係を維持する必要はありません。やはり相性というのを大切にすべきだと思います。若い頃はちょっと名の知れた人と無理にでも関係をつくりたいと思ったこともありますが、そうなると少なからず相手に卑屈になってしまいます。これでは双方にとって幸せな関係ではありません。いまは自分に無理してまで合わない人に合わせるようなことをしませんので、そうした人は人脈リストの欄外にある感じです。

## 人脈の成長で「黄金の人脈」をつくる

これはある出版社の人に聞いた話です。出版社というのは横の連携がかなり強いらしく、とくに書店営業の人は同業のよしみでよく飲みニケーションをするらしいです。また、営業先の書店員さんとも飲みニケーションを通して懇意になるらしいです。

駆け出しの若い頃から交流のあった出版社や書店の仲間が順調に出世していって社長や役員になり、その偉くなった人たちのグループは若い頃と変わらない人間関係なので、商売上の秘密の話も交わされて、それぞれの仕事の役に立っているとのことです。僕はこうしたネットワークを**「黄金の人脈」**と呼んでいます。

僕も経営者の仲間やファイナンスのプロたちなどの「黄金の人脈」があります。その人脈の方それぞれがリーダーシップを持っているので、僕が何かをしたいと思ったとき、すぐにプロとしてのアドバイスをしていただけます。とても心強い人脈です。

人脈の棚卸しから黄金の人脈をはじめとするコミュニティが確認できるわけですが、そのコミュニティを眺めることで自分のキャリアを考えるきっかけになればいいと思っています。つまり、コミュニティから次のキャリアがはじまるということです。

実際に僕自身、いまのポジションをつくってくれたのがこれまで関わってきたコミュニティの人たちでした。僕の次の場所の道しるべになる人をコミュニティが引き連れてくれたのです。

このように、コミュニティに参加することは自分の可能性を広げ、人生の方向指針になります。いろいろな人との出会いやコミュニティが自分が思い描いていた人生とは全く違う方向に行く場合もあります。そして、こうした人が身の回りに多くいることで、何か新しいことが急に起きても、誰かが助けてくれたりもします。僕はサラリーマン時代の新規事業の仕事で何度も人脈に救われました。

コミュニティを通して自分の情報を広げてくれたり、自分のキャリアの方向性のヒントが得られたりします。いま所属する組織のなかでステップアップしていくのがいいのか、それとも違う分野にチャレンジするのか、人脈の棚卸しでキャリアの選択が少しずつ見えてきます。

## 幸福感の高い人脈を持つ

自分のキャリアの方向性がある程度見えてくると、幸福な働き方とは何かを考えられるようになります。**僕は幸福感の高い働き方には5つあると思っています。**

**1つめが「嫌なやつとは仕事しないこと」、2つめが「仲間だけで生きていけること」、3つめが「仕事と遊びの区別のつかないワークアズライフ」、4つめが「ありがとうと言われる仕事ができること」、5つめが「社会貢献を感じることができる仕事ができること」、この5つです。**

「嫌なやつとは仕事しないこと」はサラリーマン時代の辛い思い出もあってのことです。いまは組織に縛られていないので、それができています。

これは2つめと3つめの幸せな働き方ともリンクしてくるのですが、組織的なしがらみがないいま、僕は顧問先では経営のアドバイザーです。いかに顧問先を成長させるかが僕の役割です。その役割に徹しているので、顧問先の会社の人たちを本当に仲間だと感じられるのです。僕はとくに新規事業などでの経験を活かしてアドバイスでき、そしてありがとうと言ってもらえると仕事そのものが楽しくなります。少し語弊はありますが、仕事だと感じさせないぐらい身近な人たちとの仕事が成立しています。まさに、ワークアズライフです。

顧問という仕事はその会社の社内の人たちが相手ですし、依頼されたことに対して答えを返すので、自分から仕事をお願いして全く知らない人と作業するということがありません。これができたのは、いくつもの会社を渡り歩いたサラリーマンの経験、新規事業担当としての実務の経験、子会社のマネジメント経験があったからこそだと思います。こうした経験を持つ人であれば誰でもできることなんです。

仕事を依頼される立場になれば、必然的に嫌なやつと仕事をしなくて済みますし、組織の人間ではないことでの上下関係が生まれない、仲間意識が自然とできあがります。そのなかで自分の得意なことで成果を出してお金をもらえれば、これ以上幸せなことはありません。

## 自信と謙虚のバランスを大事にする

**こうした生き方をすることで僕がとても大事だなと思っていることは、変なプライド**

**を持たないことです。プライドがあればまず捨てて、自分よりも若い人だろうが下請けの人だろうがすべてをフラットに受け入れること、この姿勢に立つことが大前提です。**

そのフラットな気持ちで発注受注や上司部下などの関係、仕事とは関係ない飲み仲間などとの関係を見つめ直してみると、どの人たちも自分の幸せにとって必要なのかもしれないと思えるようになります。

プライドを人に示すようになると、人脈を遮断する鉄の壁になります。誰に対しても同じように接することが幸せな生き方や働き方を引き寄せてくれます。

以前、バーベキューで一緒になった若きベンチャー経営者からいきなり半年後に連絡をもらったことがあります。彼は僕の日頃のSNSの投稿を見て、仕事の上で相談したいことがあり連絡してきたのですが、それがきっかけで仕事の関係が生じました。

いま、あなたには大小の違いはあれ、縦の人脈も横の人脈もあります。隣にいる同僚、最近初めて会った飲み会で一緒になった人、新しく取引を開始した協力会社の人、こうした人たちが5年後、10年後にあなたが困ったときに助けてくれる人たちかもしれません。そのときが来たときに「あのとき、変にプライドを持って失敗したな」ということがないように、人間関係においては無用なプライドは持たないことです。

プライドを捨てると、とにかく誰に対しても傾聴姿勢が強くなります。自慢話に映るとイヤですが、僕はお年寄りから若い人、社長さんなどいろいろな人から「一緒に話をしていて気分が良くなる」と言われることが多いです。僕が人に偉そうに言える経験がないこともあり、そもそもプライドが育っていないかもしれませんが、人との会話で気をつけているのが、傾聴することと丁寧に話をすることです。

ただ、控えめになるというのとは全然違います。謙虚でありながらも、自信を持つこと。謙虚と自信のバランスを取ることが大事だということもわかってきました。

色々なタイプの経営者と接しているうちに、自信を持ってはっきりと自分の意見を表明することが相手の信頼に正面から答えることだと悟ったのです。顧問をしている以上、顧問先の経営にプラスになることをはっきり言わないと僕のいる意味がありません。自分の経験に照らし合わせたり、自分のネットワークから知りえた正しい情報をもとに意見を言うことで相手の役に立つという姿勢です。

そのとき、自分の意見やアイデア、主張が反映されなかったとしても、経営に責任を持っている若き経営者たちが決めた判断をしっかり尊重して、決定したことには最大限推進に貢献していく、謙虚な姿勢が同時に大事なことです。自信と謙虚のバランスをうまく取ることを信条のひとつにしています。

## 人脈が仕事スキルを高める

こうしてできたフラットな関係の人脈は本当に仕事に活きてきます。これを建設的に捉えると、次のようなパターンが展開できます。

例えば、営業担当のあなたが、営業管理ツールをつくる会社の同世代の人と友人になったとします。ツールそのものは非常に良いプロダクトだとあなたは判断しています。ただ自分は一介の営業マンなのでそれを自分でつくることはできません。そこで上司に、友人のデモンストレーションを見せて、そのツールを実際に試してもらう。

こうしたことを積み上げていくことで、自分の仕事の領域を拡大していきます。いまの職場に使えるものを若い社員が外から持ってきて提案することで、確実に一歩抜きん出ることができます。**こうして若いうちから縦の人脈と一緒に横の人脈も広げるような仕事を習慣にしていると指数関数的に仕事のスキルが磨かれ、他の人とはひと味違うパフォーマンスを出せるようになります。自分一人ではできないことは外部から調達する**

**ことを意識するだけで、仕事の幅も広がります。**

いま自分の仕事をワンランク上げるとしたら、自分から人脈を開拓してその人脈のスキルを自分の仕事に乗せていくスタイルを持つと最強の仕事が早いうちからできるようになります。

## 「至高の自由」に至る

働き方の多様化がはじまっています。奇しくもコロナ禍でそれが進むことになりました。リモートワークが普及したことで、いつでもどこでも仕事ができるようになりました。また、副業なども徐々に解禁されてきています。新しいことが急速に起こり、働く人にとってはメルティングポットに入れられたようであり、まだこれからどんな働き方がいいか、その答えがなかなか見つけられません。

会社で働くという働き方もこれからは大きく変わりそうです。かつては大企業や有名企業に所属することが一種のステータスでしたが、そうした企業も突然終焉することがいまの時代、不思議なことではなくなりました。それでも大多数の人は良い会社に入ることへの意識はまだまだ残っていますが、「幸せに働くんだ」といってフリーランスを選択したり、地方で起業する人も増えています。地方で働くのは、都会のギスギスした雰囲気から脱したいということや、子育てにいいとするなどその理由は多種多様ですが、幸せに生きることの基準が少しずつ変わってきた現れなのかもしれません。

僕の友人に地方と東京の2拠点生活を送るマルチハビテーションを実践している人がいます。東京でデザイン会社を経営しているのですが、40代に差し掛かる頃にセミリタイアをし、子育てのために生活の拠点を与論島に移し、月の半分を仕事のために東京で過ごすという生活スタイルです。

それ以前の彼は大手クライアントを多数抱え、40人ほどの従業員と昼夜関係なく働くハードワーカーでした。しかし、家族との時間を考えると、もうガンガンとお金を稼ぐような仕事には価値がないと思ったのです。そこで会社の規模を小さくし、大事な顧客だけを残して、家族で島生活を楽しもうと与論島に移住しました。与論島には仲の良い友人家族と一緒にカフェスペースのある施設をつくり、ストレスのない毎日を送っているそうです。これはまさに僕が30代はじめに夢見ていた幸せな生き方です。彼に先を越されましたが、彼もそうした生き方を早いうちから考えていたので実現できているのだと思います。

先日、ウーバーの配達員のドキュメンタリーTVを観ました。そのなかで、自由な生活ができていると話す人がいました。ウーバーの仕事を各地でしながら日本一周をしているという人もいました。確かに、組織に縛られずに自由を楽しんでいるようですが、僕は少し違和感を覚えました。

それというのも、この先、その仕事をずっと続けられるかということです。他人事ながら、将来、収入はどうするんだと心配になりました。このとき、普通のサラリーマンの人のことが頭に浮かんできました。

会社では多忙で人間関係のストレスを抱えている。でも、家族がいるので頑張れる、家族がいるから幸せだという人がいます。この幸せの根底には、家族の将来のための一定の収入があることが大きいと思うのです。

つまり僕が言いたいのは、自由な働き方をしていくうえで、ある程度収入が伴わなければ、それは幸せとは言えないのでないかということです。自由な働き方で将来も安心できる収入を得られることが本当の幸せになると僕は思うのです。自由と収入がセットになること、これこそ「至高の自由」ではないかと思うのです。

いま僕は、顧問先での仕事以外は自由時間がサラリーマン時代からすると格段に増えました。その自由時間を利用して、コミュニティ活動やラジオのパーソナリティなどをしています。そして、収入もサラリーマン時代よりも多いです。自由時間と収入が比例して増えたことで50歳にして幸せな生き方を得ることができました。本当にこれほどの幸せはないと思っています。

「至高の自由」に至ることができたのは、人脈のおかげです。人脈が「至高の自由」へと誘ってくれたのです。

ぜひ皆さんにも、皆さんなりの「至高の自由」にたどり着いてほしいと思います。

## 第3章　人脈づくりのポイント

□仕事ができる人ほど、出会いそのものに何らかの課題やテーマを整理して臨んでいる。

□相手に興味を持って話すことで、相手も興が乗っていろいろと自発的に話し出してくれる。ここから創発が生まれたりもする。

□一期一会の出会いを無駄にしないために、テーマを持って人と接する。これが習慣になっていれば人脈は広がるし、その人脈からさまざまなベネフィットが享受できるようになる。

□コミュニケーションで大事なことは聴く姿勢、いわゆる傾聴姿勢。

□今後のキャリアアップのためにはこれから人生経験を積んで、より豊かな人たちと出会っていくためには、縦を充実させる。

□人生の豊かさをさらに広げる、新たなチャンスを見つける、アンテナを伸ばす、非連続な人生をおくれるというようになるには、横の人脈の拡大。

□人脈を広げる目的ではなくても、外の活動をしていくことで自分の仕事に役立つ友人知人が広がっていく。

□社外活動を意図的に行えば、面白い人脈が広がる。

□良き遊び人になること、これが横の人脈づくりのカギ。

□人脈同心円を描くと、10年後に活きるネットワークが見えてくる。

□縦の人脈は真面目に頑張っていれば自然に構築できる。しかし、横の人脈は遊びの要素がないとなかなか築けない。

□人脈の棚卸しをすることで、自分に足りない人脈がわかる。

□「黄金の人脈」を持つ。

□幸福感の高い5つの働き方とは、「嫌なやつとは仕事しない」「仲間だけで生きていける」「仕事と遊びの区別のつかないワークアズライフ」「ありがとうと言われる仕事ができる」「社会貢献を感じることができる」。

□プライドがあればまず捨てて、自分よりも若い人だろうが下請けの人だろうがすべてをフラットに受け入れる。

□若いうちから縦の人脈と一緒に横の人脈も広げるような仕事を習慣にしていると指数関数的に仕事のスキルが磨かれ、他の人とはひと味違うパフォーマンスを出せるようになる。

□自分一人ではできないことは外部から調達することを意識するだけで、仕事の幅が広がる。

第４章

# 戦略的人脈のつくり方

## ［ステップ1］ 商品としての自分を言葉にする

### 人脈づくりにおけるセルフブランディングの重要性

人脈づくりにおいて、ソーシャルメディア上でプロフィールを含めてどのようにセルフブランディングしていくかはとても大事です。僕も独立したときに自分をアピールする必要があったので、セルフブランディングには一層注力してきました。

それ以前の2004〜2005年ぐらいのSNSが登場してきた当初は、僕は自分のキャラクターに合わせた投稿内容をミクシィを使って発信していました。ミクシィのレビューでの僕は「いつもニコニコ笑顔で、すごく友達を思い」のような他人評価から、なんとなく自分のキャラクターはそうなんだと意識しはじめました。そんなわけで愛されキャラを目指していたのですが、やはりセルフブランディングということを考えると、自分の強みを徹底的に打ち出すことが大事だとあとになって気づきます。

僕自身20代の頃は長所を伸ばしながら、短所や苦手なこともすべてつぶすことがキャリアステップで大事なことだと思っていました。それが30代半ば頃にはいろいろな人との出会いを通し、**得意なことに特化して徹底的にそれを伸ばしていくほうがこれからを生き抜くうえでの強みになると考えるようになりました。**そこからです。仕事のやり方、自己アピールの仕方、人との付き合い方、こうしたことを自分の強みにするにはどうしたらいいかを考えるようになったのは。

## 自分の強みを伸ばす

僕は新卒の22歳で百貨店の丸井で働きはじめてから4年間、オフィスワークの経験をまったくしませんでした。その後、専門学校のデジタルハリウッドでクリエイティブの勉強をした後に外資系企業で働くことになるわけですが、その過程でエクセルやワードなどのオフィスソフトを使いませんでした。普通にパワーポイントすら開いたことがなく、プリントアウトの仕方もよくわからない。

日本ゲートウェイに転職した27歳になってようやくそれを使うことになるのですが、

普通に使えるようになるまで1年半ほどかかりました。百貨店の売り場で接客をしていた頃は対人コミュニケーションはだいぶ身についたのですが、ＩＴ弱者というか20代後半で外資系企業に転職したときにオフィスソフトが使えないことが少しコンプレックスだったんです。

その後はある程度まではできるようになりましたが、逆にオフィスソフトを使いこなすよりも、もっと大事な仕事があるんじゃないかと思うようになりました。そこに気づくと、ＰＣまわりのスキルを磨くことに時間を使うことをしなくなりました。

そして30歳前にＩＴ業界に転職してディレクターを経てプロデューサーという肩書になったことで、ＰＣで数値管理をするよりも企画やアイデアに力を注ぐことになります。それが自分に合っていたのでしょう、30代前半になると僕は新規企画やプロデュース、コーディネートの専門家として周囲から見られるようになりました。

以後、ここの部分を自分の強みとして認識し出します。企画とかプロデュースというのが自分のブランドだと決まっていった感じです。実は、考える職種に就けるように努力しようと頑張ってきたことがこの背景にはありました。それが30代になり形になってきました。

## 振り返りで自己分析する

こうして自分ブランディングをなんとなくしてきたわけです。自分自身を振り返る機会として誰もが一度は通過するのが就職試験です。面接に備えて自己PRを考えるときに一度そこで自分を振り返りますよね。それが就職して3、4年も経つとすっかり頭から抜け落ちています。それが30歳が視野に入ると、少なからず自分はどういうふうになりたいとか、自分らしさへの気づきだとかが出てきます。ここでもう一度、自分を振り返ったりします。

ただ僕の場合は転職を何度もしているので、その回数分自分のことを人に説明する必要に迫られて、振り返りを行ってきました。こうしたことが結果として、自分を言葉にするトレーニングにつながりました。**就職、転職というのが客観的に自分を分析するには一番の機会だと思います。**

これに加えて、リアルな場での交流会やネット上でいろいろな人と情報交換するミートアップの場に参加していたことが自分のことを客観的に見る習慣づけになりました。こうした不特定多数の人たちとの交流の場では、自分のことをきちんと説明することが大事です。仕事関連のこと、例えば、新規事業のプロデューサーやWebメディアに関わっていることなどを自分のパーソナリティをかぶせて初めて会った人たちに説明することを通して、自分自身を知ることにもなったと思います。

## 人脈が必要な人、必要じゃない人

僕は人脈によっていまの立ち位置ができたので、本当に人脈を築くことが僕の人生にとってとても大事だと実感しています。

ただ、逆説的なことを言うようですけど、人脈がさほど必要ない人がいるのじゃないかとも思ったりすることがあります。極論になるかもしれませんが、自ら広い人脈を切り開かなくてもいい仕事として研究職やシステムエンジニア、弁護士などの士業の人、大学教授、裁判官など専門を極める人たちは、その専門性に人が引き寄せられてくるのではないでしょうか。

その逆に、営業職やプロデュース業務の人、会社内だと人事の人など、人と接することが仕事だという人たちは幅広い人脈をつくること自体が仕事に直接役立ちます。

そして、小説家や作詞家も専門的な能力で仕事をする人たちなので自ら人脈を広げなくてかまわないほうにグループ分けしそうですが、実はそうではありません。なぜなら、自分の才能で作品を生み出しますが、それにはさまざまな人を知ることで物語や詩がイメージできるのだと思うからです。

こうして見ると、**人生のうち75％ぐらいは人との付き合い方がうまくできれば、人生が豊かになって発想の幅も広がるのではと思います。幸せになりたいと考えるなら、やはり人脈を広げることを早いうちからはじめるべきです。**

## 人脈づくりを簡単にはじめる方法

よく人見知りの人から、「人脈を広げたいけど、どうしても初対面の人と話をするのが苦手で……」と相談を受けることがあります。

それには、ちょっと乱暴な方法かもしれませんが、**場数を踏むことがまず一番だと思います。**人は苦手なことや緊張することもだいたい2、3回経験するとネガティブな気持ちが薄れていくものです。例えば人前で初めて発表するとき、最初はみんな緊張すると思います。僕の場合、そうした場面で2、3回やってみるといい緊張感に変わっていきました。僕はいまだにカラオケで歌うのは緊張するので好きではありませんが、無理強いされて2、3曲歌ううちに慣れてくるのと近い感じです。人脈づくりでの初対面の人との接し方も同じようなことで、場数というのは意外に大事だと思います。

もうひとつ言えることは、**人に話せるような自分の得意なことを持つといいでしょう。**キャンプやサッカーなど趣味や昔から続けていることなどがあると、そこを切り口にして話ができるからです。偶然にも共通の趣味だったりすると、そこから一気に会話が弾みます。場合によっては、今度一緒にサッカーしましょうかということになると最高です。要は、自分の引き出しをいっぱい持つということです。自分から語れることがあるというのは、コミュニケーションのうえでの武器になります。武器があると、勇気につながります。

ところで、自分のことを引っ込み思案だと言う人を僕はあまりそう思わないことが多いです。人と喋るのが苦手でとか、人前に出るのが苦手でと言う人は確かにいますが、でもそう言う人と話していて楽しかったことがけっこう多いのです。本人が思うほど、人はそう見ていないものなので、気にすることはないと思います。

## 人脈は量よりも質

人脈づくりというと、なんとなく多くの人たちと広くネットワークを持つことと考えがちですが、決してそうではありません。先程も述べたように、営業系の人だと顧客を多く持つことはいいことです。ただ、研究職のような専門的な人の場合、**量を増やすよりも質を考えたほうがいいのではないでしょうか。自分にとってカギとなる人との出会いを求めるのであって、単純に量を広げてみても意味をなさないことにもなりかねません。**

例えば、漁業について研究している人が漁師さんの話を聞くことでその人たちとの人脈ができる。その漁師さんたちとコミュニケーションを取っていくうちに、漁師さんのコミュニティの人を紹介してもらう。こうして輪が少しずつ広がる感じのネットワークこそが質の高い人脈です。

僕の場合だと、スタートアップの顧問業をはじめた頃、投資家やベンチャーキャピタルなどの金融のプロたちとの人脈をつくらないと仕事にならない空気感がありました。当初、その分野での知り合いがいなかったので、はじめはいろいろと悩みましたが、とにかくアクションを起こさなければなりません。知り合いの知り合いを訪ねるようにしたのですが、お金のプロと対等に喋ろうにもそもそもその知識がないので、不安でいっぱいでした。でも、仕事なんだからということで少しずつ知識も仕入れながら活動するうちにおよそ1年半後に金融関係の有益な人脈が構築できていたのです。

## 思っていることは声に出すと現実化する

このとき僕が行ったことは、いま仕事でこういう人たちと出会えたらもっと貢献できることが増える、ありがとうと言ってもらえる機会が増える、もっと仕事がスムーズになる、そうならまずそうした人との出会いを僕が欲していると周囲に伝えようと声を出しはじめたことです。そして、そうした人たちと会話できる知識をつけるために、プライドを捨てて、さらにほかの人たちを紹介してもらうことをしました。そんなことを地道に続けました。

その結果、人が人を紹介してくれるようになり、いつの間にか僕の周りに金融関係の知り合いがゼロから50人、さらに１００人と増えていきました。いまではその人たちの力が借りられるので、ベンチャーの社長から資金のことなどで相談を受ければ、アプローチできるプロが100人以上います。1年半でここまでできたのです。

**「いま、こういう人に会いたい」と本気になって口に出すと現実になることをこのとき本当に実感しました。だから、悩んだときはまず人に伝えることが大事だと思います。**

小さなことであっても、例えばコロナ禍で「アポが取れない。営業先がない。どうしよう！」と思ったら、「いま、困っています！」と声を上げれば、それを聞いた誰かがその答えを持ってきてくれる確率が上がるわけです。**悩んでいてそれをひとりで抱え込むのではなく、悩みを周囲に伝えたほうが解決につながります。**

このように、**思っていることは、声に出して周囲に伝えておくことです。そうすれば必要な人脈が近づいてきます。**僕はラジオでパーソナリティをやりたいと公言したことでFMラジオのパーソナリティになることができました。**夢を実現させたいなら、強く思い続け、それを声に出して公にすることで必要な人脈を引き寄せることができます。**

## 人脈づくりと会話術

人脈を広げるためには会話が上手なことが条件のように思われる人がいるのですが、そんなことはないと思っています。もちろん、寡黙であったり、おしゃべりが過ぎる人はどうかなと思うことはありますが、特殊な技術が必要なわけではありません。

僕自身、それほど会話上手だと思わないですし、人脈を広げるためにトーク術を意識したということはありません。

**会話をするということでは、相手に興味を抱くこと、そして相手の話をまずは聴くという姿勢に努めるようにしています。そのうえで、自分自身は飾らずに話す、盛らずに正直に話すことが相手へのマナーだと考えています。**

僕はサラリーマン時代、１００人を超えるスタッフに対してスピーチをするとか、お客様にプレゼンするとか、仕事のうえでの発表は何度も経験しましたが、それがトーク術に活かされているということはありません。

ラジオのパーソナリティーにしても、話し方を意識したことはありませんし、むしろ一番はじめのときはめちゃくちゃ緊張してうまく話せませんでした。それが2回、3回と経験していくうちに場馴れしてきて、自分をもっと開放しようと思って話してみると、緊張感がすっかり消えて、自然に話せるようになりました。

**初対面の人とは緊張するという人が多いですが、開き直るというか、自分のことを盛らずに、フラットな気持ちで話をしてみると意外に楽しく話せたりするものです。自然体というんでしょうか、相手はこちらと同じ人間なんだと思うと、すっと気分が軽くなります。**

## 自分を客観的に言葉にする

**自分を他人に伝えるときに、商品概要説明書のように自分を客観的に言葉にすると自己アピールしやすくなります。**これは何も詳細につくる必要はありません。自分を客観視するためのものなので、自分だけがわかる本当に〝概要〟説明で十分です。僕がつくったのは、簡単な経歴書のようなものです。履歴書のように簡単な略歴があり、30字程度の自己紹介。その他だと、セミナーの登壇実績や執筆実績。こんな程度です。これだけで自分を客観視できるし、自分の特徴を伝えるためのネタ元になります。

人によっては、商品企画書のように自分自身の特徴をまとめていたりするようですが、僕はそこまではしません。もちろん、仕事のうえで企画書を書くことはあります。僕の場合は事業計画を提案することが多いのですが、詳細な数値を入れた業績目標というよりもビジョナリーなビジネスプランを提案するのが好きです。5年後のありたい姿を描き、それが社会的にどのように貢献しているかが見えるような話をよくします。

自分の思いを数値で説明すると聞いている人にはわかりやすいですが、夢を広げるということではどうかわかりません。むしろ、社会貢献に自分たちのビジネスがどのように関わるのかを提示してあげたほうがワクワクするものです。

このとき、具体的なペルソナをつくり、そのペルソナの幸せの姿を共有するようにします。例えば、コスメについてのウェブサイトをつくるとしたら、29歳、東京世田谷区の賃貸アパートにひとり住まい、リクルート勤務、週末はキャンプやランニングをするアウトドア派、自分の自由になるお金は月5万円、結婚願望が強く、週に2日は友人との会食を楽しむ。

こんな感じで実際にいそうな人をイメージします。この作業を通すことで実像がはっきりと現れ、コスメサイトをその人がどんなシチュエーションで利用しているかが映像として頭のなかに見えてきます。

ペルソナがはっきりすると、コンセプトも具体化できます。通常はテキストで5行程度でまとめます。でも自分のことを人に伝えるには一言で表せるようにしています。

## 自分のキャッチコピーをつくる

自分のことを一言で表せるようになったのは、大学4年の就活のとき、電通のOBが主催するらんざん会という私的なコミュニティに友人に連れられて参加したことが背景にあります。

らんざん会は広告業界を志望する学生が集まるコミュニティですが、そこでは自分のキャッチコピーを一言で表す特訓を受けました。「一行で言え」といくつも案を出すことが強いられるのですが、なぜかわかりませんが、僕が思いつきで考えた「100万ドルの笑顔を持ったチーター」というのに皆さん引っかかったようで、そのキャッチコピーについて徹底的に「なぜそうなの?」「なぜそうなの?」「なぜそうなの?」と何度も質問を受けて、どんどん自分を深掘りしていきました。

さらに、そのキャッチコピーについて100文字とか200文字で説明せよ、と追い打ちをかけられました。これをやるうちに自分を一言で表すことの意味がわかりだし、その後、本当の就活で自己アピールのときに使いました。面接官の方に「僕は〝100万ドルの笑顔を持ったチーター〟です」と自己紹介するのですから、相手はへんに思いながらも、印象には強く残ったのだと思います。

「100万ドルの笑顔を持ったチーター」は、はじめ自分を表現するのにかなり長い文章になったのをらんざん会の人に削られていくうちにできました。この100万ドルというのは僕は当時、笑顔に定評があったこと、そしてチーターは動きが機敏なことの比喩です。興味のあることにビュンビュン駆け巡る自分を表現したつもりです。

**自分のキャッチコピーをつくるというのは、自分の特徴を知る作業になります。**学生のときの就活では自分を知ることにまだ十分ではなかったですが、転職活動をするようになってからはその都度ものすごい量の文章にして自己分析をするようになりました。それを転職のたびに上書きしていくと同時に、前といままでは何がグレードアップしてるのかを分析します。できていることをどんどん箇条書きしていくのです。それをもとに面談に臨むのですが、面談者から言われたことは忘れないうちに帰りの電車のなかで自己分析シートに補足します。最終的には5枚ほどの自己分析シートになりました。

転職活動のときはそれ以外にも履歴書と職務経歴書もありますが、これも転職の都度ブラッシュアップし、さらに面接先でその企業に入社したら自分ができることややりたいことのペライチもその面接先ごとにつくって面談に臨みました。

こうしたことを通して、自分を知ることをしてきたおかげで、いま11社の顧問先で自分が貢献できることがよくわかっていますし、相手先も僕に何を期待すればいいかがわかります。

## ［ステップ2］オープンマインドの扉を開く

### 人に会う前のスイッチの入れ方

あと僕は転職活動をするときに相手先企業のホームページをプリントアウトし、そこに質問したいことやその会社の特徴的なことをメモして臨みました。これは人脈をつくるうえでも同じですが、**相手を知る努力が双方の接点を強くする**のだと思うのです。

前にも述べたように、顧問業として独立する前の3カ月間、毎日違う人とランチミーティングを入れました。そしてその都度、ランチする場所に向かう電車内で会う人について、ホームページやフェイスブックを見て予習をしていきました。そこから、相手とのビジネス上の接点などを考えました。スキマ時間でできることなので、交流会やWeb番組やラジオパーソナリティーでのゲストとのセッションでも同じようにしています。

そうしておいて、実際に相手と話をするときは、基本的には聞き手に回り、自分のことは後にします。相手の話を聞きながら、調べておいたことでフォローを入れます。

この根底にあるのは、**人に対する興味関心です。この気持ちがあるから、相手のことをよく知ろうと思うのです。**このことはとても大切だと思っています。

## 押しではなく、受けとめる姿勢

**初対面の人との会話では、自分から一方的に話したいことを話すのはあまりうまくいかないものです。営業トークと一緒で、押すのではなく傾聴する姿勢がとても大事です。**だから、まずは相手から話してもらうように留意します。経験的に言えることです。**傾聴する姿勢をつくるには、相手あっての自分というスタンスをとることです。**

最近のことです。久しぶりに昔の知り合いに一対一で会うことになったのですが、その人とは正直言って反《そ》りが合わないのであまり長く話は続かないだろうと思いながら臨みました。やはり会ったとたん拒否反応が出てきて、これから話を続けるのはイヤだなと思いながら僕は受け身の姿勢でその人の話を一方的に引き出していく流れでいたら、1時間ほどすると話が盛り上がり、波長が合ってきました。そして最終的には、「一緒に何かやろうよ」と落着しました。あとで説明しますが、僕のオリジナルの友だちづくりのキーワード「アミーゴ化」することができたからです。傾聴の姿勢でいると、こうした効果も生まれるのです。

また、**聴くスタイルを習慣にしていると、相手の言った曖昧な表現の奥底にあるニュアンスがわかってきたりもします。**僕は新規事業や特命担当など社長補佐のような役割を経験してきたのですが、社長というのは忙しいあまり部下に指示するにもワンフレーズとか主語がなかったりとかが多いんですね。普通に聞いていたらわからないようなことも言ったりするのですが、それをいちいち聞き返すには遠慮がありました。それで僕は意味を汲み取るようにし、聴く姿勢を保っているうちに何を求めているのかがわかるようになりました。

実は、子どものときから若い頃までの僕はおしゃべりでした。それが聴くスタンスになってからは、悩み事や恋愛の相談、将来の話や家族の問題などの相談をよく受けるようになりました。おしゃべり時代にはなかったことです。普段から聴く姿勢を意識するうちに、それまでのとげとげしさが消えて、落ち着きが出てきたようなのです。

そうしたいろいろなことがあり、基本は相手の話を聴くスタンスをとるように変わっていったのです。

## 傾聴力と自己表現はバランスのある人が上手

このように、会話というのは傾聴力が大事だと実感しています。相手にいかに心地よく喋っていただくか、このことはラジオやWebトーク番組のパーソナリティーや経営者との対談インタビューなどをはじめてから強く意識するようになりました。

僕がやっているラジオには毎回ゲストをお呼びしているのですが、僕が一方的にしゃべるのではなく、ゲストの方がいろいろなことを披露してくれるほうが番組としても面白くなりますし、リスナーもそれを望んでいます。

そしてなにより、ゲストの方が主役になっていることをご自身が感じられると、ものすごい満足感と充実感が感じられたと皆さんおっしゃいます。

ゲストの方に言われたことがあるのですが、河上さんが話しやすい質問を振ってくれて、その答えをしっかりと傾聴してくれているのでとても話しやすかった、と。このとき僕が思ったのは、会話って相手が自信を持って話せるように傾聴することが大事なんだなと。僕はあまりノウハウ本を読まないので、これは経験から学んだ会話術とも言えます。

**やっぱり、人って話を聞いてもらえると嬉しいものなんです。**

以前、営業成績が高い人とそうでない人との違いはどこにあるのかを調べたことがあります。営業成績が高い人はお客様の不便に思っていることや望んでいることを質問しながら聴き役に回っているという特徴があることがわかりました。そのうえで、要点を端的に話します。

一方、そうでない人は持参資料の内容をお客様に一方的に説明した末に、「いかがでしょう?」と意思決定を促す。主客が転倒してしまっているんですね。

**相手の立場を理解して、相手が話したい雰囲気をつくることが大事ということですが、こうした謙虚に相手の話を聞く態度は人脈づくりにも大事だと思います。**

話しやすい雰囲気をつくるには、話の発展につなげられる話題を持つことです。いわゆる「雑談力」です。**雑談力を磨くには、知識や経験を増やすことを習慣にすることで**

**す。雑談は、ネタが命ですから。**

こうしたことを20代のうちに気づいていれば、僕の人生はもっと面白いものになったと悔やまれます。ですから読者の皆さんには、何でも若いうちから試してみるということを言いたいです。

## 相手2対自分1の会話の法則

雑談や対話などの場ではいま、意識して相手の話を聴くようにしています。極端なことを言えば、相手2に対して自分は1という割合を意識しています。毎日いろいろな人とランチミーティングしていたときも1時間のうち僕が話すのは20分ほどで、相手の話に相槌を打ったり、質問したりして話を引き出すようにしていました。

こうした会話を成立させるには僕なりに工夫してきたことがあります。「相手の引き出しを開ける」といったらいいでしょうか、話し上手でない人ももちろんランチの相手にはいるわけです。その人に話をしてもらうには、基本的なルーティンをつくるのです。

例えばこんな感じです。

相手：「純二さん、最近どうですか？」

僕：「まずは佐藤さんからいきましょうよ。どうですか、あれですよね、新しいオフィスに移られたばかりのようですけど、どんな感じですか？」

こんな感じの質問を5～6つほど続ければ、30分は相手が話を続けられます。

僕のほうは、「営業協力させてほしい」とか「上司を紹介してほしい」、または「こういう人間がいるので紹介したいのですがどうでしょう？」など相手にアピールしたいことをやはり5～6つ持っておくだけでいいのです。基本的には最近のビジネスのアップデートの話などを準備しておきます。

こうしたネタの準備も意外と簡単です。相手がフェイスブックをやっていれば、最近の話がわかります。また、会社のホームページを見れば、最近のニュースがアップされています。採用情報などからは欲している人材の職種もわかります。そうした情報を自分の仕事と結びつけて考えるとどんな話をすればいいかがわかってきます。

聴く態度でいると、相手の話しぶりから嘘や危険が見えてきたりもします。自慢話はとくにそうなのですが、以前ものすごくたくさんの名刺を持っているという人がいて、その人がそれを見せてくれるというので見せてもらったのですが、そのとき自慢する姿になんだか怪しいと思いました。また、「あいつはああなんだよ」のような陰口や評論家のように人を批評するタイプ、お金儲けの話を一所懸命するタイプ、自分の会社の悪口を言うタイプ、聴く姿勢でいると相手がエスカレートしてきて、その人の本音が見えてくることもあります。表面上は紳士淑女の人でも、考えていることが危険だと察知できればその人から距離を置くことができます。

## 会話をコントロールする方法

独立することを決めてから3カ月ほど毎日違う方とランチミーティングを続けているうちに、1時間を充実させるための会話術のようなものを身につけることができました。1時間を最大化させるために、40分で僕のターンに変えることを意識するようになりました。そうしないと、話は結果的に盛り上がったけど世間話しかできなかったということになってしまうからです。話が盛り上がるのはいいのですが、時間が限られているのでクローズの方向に向かわせる必要もあります。だから、**相手の話に傾聴することから入って同調し、そこで出たアイデアなんかを膨らましてからクローズに持っていく。**傾

**聴↓同調↓拡張↓クローズ、この一連の流れを1時間で行うようにしました。**すべてがこのとおりにいくとは限りませんが、漫然と話をするよりもこのことを意識することでメリハリの効いた会話ができるようになってきました。

こうして知り合ってきた相手との関係を継続させていくことにも注力しています。相手にアクションしなければならないことをスマホのアプリにメモして、別れたあとにすぐに対応することなどちょっとしたことです。**このちょっとしたことを忘れずにすぐやることが信用力を上げるにはとても大切なのです。**

誰それに連絡するといいと言われたら、別れた直後にその人に連絡したり、交流会の招待状を送ってほしいと言われたら帰りの電車のなかで即メールで送るなど、**頼まれたり約束したことは日を置かずにすぐやることで相手から信頼されるようになります。**

こうして関係性を強くしたあとは、他者を入れての会食もしやすくなります。相手から「この前お話していた仕事の話に結びつきそうな人、紹介したいのですが」という連絡をいただいたら、「僕もその関係で知り合いがいたのでそのときに紹介します」となれば、また新しいネットワークが生まれます。これはただの飲み仲間ではなく、生産性を上げるための人脈になるので、とても有意義だと思います。こうした場をつくるために、ランチの1時間のクロージングは次の展開が生まれるような話をするようにしています。

## ファシリテーション感覚を養おう

4人ぐらいの会食だとそれぞれがある程度均等に話ができますが、これが8人とか10人といった飲み会だと話のバランスが取れなくなります。僕が主催するような飲み会なら、どうしても全員が満足して帰ってもらいたいので、ファシリテーターの役に徹することもあります。

ファシリテーション自体はサラリーマン時代に何度も経験してきています。例えば、事業企画についてのアイデア出しなどだと、いつもとは雰囲気を変えてホテルのミーティングルームなどを借りてのオフサイトミーティングをしたりしました。ここで僕がファシリテーター役となるわけです。こうした場では、全員の意見をざっくばらんに聞き出して、かつ時間内に要点を押さえて次のテーマに進み、最後に総括する展開です。

僕はこうした場では「それについてどう思います？」といって巻き込みながら議事を進めることはけっこう得意なほうです。1人が話の中心になっているようなときに、参加メンバーを見ていると「彼女は置いていかれてるな」といったことがなんとなくわかります。

そうしたときはテーマや話題を変えたりして、バランスを取るようにしました。これを飲み会でもやるわけです。

## 60秒の他人紹介

交流会や飲み会では参加者が〝壁の花〟にならないようにも配慮するようにしています。人と人をつなげるようにするのですが、そのとき工夫しているのが、**「60秒の他人紹介」**です。名刺交換するときなどでは紹介者が簡単にこの人はこんな人ですと紹介しますが、それを60秒以内で行うテクニックです。**人を紹介するのに、経験則的に60秒程度がベスト**だと思います。例えば、次のような感じで紹介します。

「この人は牧丘さんと言います。通称マッキー。僕は公私ともどもお付き合いさせてもらってるんですけど、彼の勤める○○社は主に大手企業のバックオフィスの運用をやっています。彼の会社は間違い探しのプロフェッショナルを50人も抱えてるので、細かく地味な作業が得意です。もし、御社でのウェブサービスだったり、コーポレートサイトの運用などで細かくて面倒な作業があれば、一度彼に相談してみるといいかもしれません。実は私の会社でも……」

ビジネス系の交流会だとこうした感じです。ビジネスではない飲み会などだと、少しフランクな感じになります。

「彼は100万円の自転車を持っていて、ツーリングにしょっちゅう行ってるので、僕も彼に刺激されてビアンキのロードバイクを買ってしまったんです。なので、もし自転車に乗るんだったら、今度行きましょうよ。先月も彼と一緒に……」

**「60秒の他人紹介」のときに僕が意識しているのは、人の紹介もプレゼンということです。その人のことを紹介される人にとって素敵に映るように紹介をしてあげることは、その出会いのこれからの発展に貢献をするものだと思っているからです。**

**そして、できるだけうまく紹介するために、紹介したい人のことを予習していくことです。基本は、フェイスブックからのネタドリです。**「プロフィール」「友達のリンク」「最近のタイムライン」、この3つを組み合わせるとだいたいその人のストーリーがつくれます。フェイスブックだと、プロフィールでその人の略歴がわかり、○○社の板垣さんは僕も友だちなので共通の知り合いだという話ができたり、タイムラインで最近の興味関心事もわかります。

例えば、初めての訪問先では相手の会社のこと、お会いする人のことを電車やタクシーでの移動中にネットやSNSで調べておいたり、知り合いに聞いておいたりします。そうして概要を掴んだうえで、自分との共通項を拾うようにしておきます。

実際にお会いしたら、訪問の目的に合わせて、そのネタを使って端的にはじめの挨拶をします。その挨拶時におよそ60秒程度で話し切ると相手もそこにいる他の人たちもわかりやすいというのが経験則的に実感できました。

ここで**大事なことは、紹介する人される人の共通項を見出すことです。**これもフェイスブックから拾います。フェイスブックを使うのは、予習といってもその場でもできるからです。紹介する人たちが事前にわかっていれば、会がはじまる前に予習しておきますが、その場で初めて会うような人同士を紹介することになっても、フェイスブックならすぐにスマホで調べることができます。

もちろん、この方法は相手がフェイスブックを使っているのが前提になります。相手の情報がわからないときは、その場で簡単に質問しながらどんな人なのかがわかるように話をつなぐようにします。

## 自己紹介は15秒

他者紹介をしているうちに、僕自身の自己紹介も端的に、そして印象的に相手に伝わることを意識するようになりました。そのテクニックの1つが**「切り出しトーク法」**です。これは、あらかじめ相手との共通項を見つけ出して、そこを切り口にしてスムーズな会話にしていくワザです。

これは商談などだけではなく、不特定多数の人が集まるパーティーで自分を相手に印象づけるときに応用できるワザです。

初対面の相手が例えばワインを手にしていたら、僕の場合、ワインソムリエの資格を持っているので、ワインの話から紐付けて、少しワインのウンチクを語れば、「ワインソムリエの資格を持つ人」として相手に記憶してもらえます。相手がワイン好きならそれでもう共通項ができあがりです。相手がそれほどワインについて詳しくなくても、醸造酒のワインと日本酒は同じ仲間というようにお酒での共通項を引っ張り出します。「お酒のウンチクに詳しい人」という印象づけです。

また、相手がベンチャー企業の社長だとしたら、僕がベンチャー企業の顧問をしていることから、「ベンチャー企業の顧問」であることを記憶していただくことができるかもしれません。

**大事なことは、自分と相手の共通項をちょっとした会話から引き出すことです。心理学でも言われていることですが、共通項がある人同士は好意的な関係になりやすいのです。**

話の切り出し方で一番簡単なのが、名刺交換のときです。名前、会社名、役職、所在地、ロゴマークなど会話のきっかけの宝庫です。

余談ですが、名刺の受け渡しのとき、相手の名前はすぐにその場でインプットするようにします。会話の途中で、その都度名刺を見ながら確認されると僕自身、なんだか嫌な感じを受けます。逆に、名刺を見ずにすぐに名前で呼ばれたりすると「このひと、早く自分の名前を覚えてくれている」と嬉しくなります。ちょっとしたことですけど、初対面の相手に好印象を与える小ワザです。

そして、**自己紹介は僕の現在が相手に簡単にわかる程度にしています。意識しているのが、「ポイントを簡潔に」です。**あまり自分のことを自分で説明しすぎると売り込みかと引かれてもイヤだからです。

「いま、スタートアップベンチャー11社ほどの顧問としてアドバイザーをやっていま す。それがライスワーク的な活動ですが、ライフワーク的なこととしてはウェブメディアでのジャーナリストや、ビジネスピッチなどの審査員のほかに、ラジオのパーソナリティーもしています。みんなに忘れられないように、ちょっと出たがりのライフワークですね（笑）」

こうしたトーンだとおよそ15秒ほどで済みます。

## 壁の花を出さないためのジャングルクルーズ

パーティーなどではよく「壁の花」が問題になりますが、あれは壁の花の人本人の問題というよりも、ほぼ7割くらいは主催者側の責任だと思います。コミュニティづくりにも言えることですが、主催者側のコントロールによって「壁の花」の人は出さなくて済むものなんです。それを僕は**「ジャングルクルーズに学べ」**と言っています。

コミュニティづくりや会の幹事は、東京ディズニーランドのジャングルクルーズの船長の役に徹するようにすれば、会は大盛況になるものです。ジャングルクルーズがなぜ人気なのか、それは単純に船長、スキッパーと言うそうですがゲストを盛り上げるために「首狩り族が潜んでます」とか「このクルーズは安心が売りです！　最後まで生きて帰れる人が1割もいるんですから！」などアドリブを加えながら乗客に話しかけて盛り上げ役に徹しているからです。

これと同じで、会やコミュニティの幹事が、来ている人をどこまで喜ばせて帰っていただくかを考えて実行するかどうかで満足度が変わってきます。

せっかく集まってもらった以上、主催者として、できるだけ多くの人を喜ばせたいという気持ちが沸き起こります。これを続けているうちに自然と「60秒の他人紹介」が磨かれていったという副産物もありました。

初めて参加する人は普通、自分から積極的に人の輪に入ることをためらいます。それがわかっているから僕は最初の30分は人をつなげる役割に徹します。

引っ込み思案なのは参加者の責任ではなく主催者の責任です。**はじめの一歩を踏み出すきっかけをつくってあげるとみな頑なな気持ちが柔らかくなっていくものです。これをはじめの30分ですることで大体その会は成功します。**

## 相手との距離を一気に縮める魔法の言葉

こうしていろいろな人との出会いを続けるうちに、知り合った人との距離感を縮める言葉を発見しました。それが、**「アミーゴ」**です。アミーゴはスペイン語で「友だち」という意味ですね。僕はこの言葉を相手を笑顔にする宝のキーワードとして使っています。人に知り合いを紹介するとき、「あ、この人は河上さんの友だちなんだ」「あ、こんな人と純二さんは友だち付き合いしてるんだ」というのが一瞬にしてわかります。これによる効果が大きいと知って以来、友だちでもビジネスの関係の人でも仲良くなった人は皆、アミーゴと呼ぶようになりました。僕にとって、すごく便利な言葉です。

これまで3回しか会ってない人と交流会などで再開して「アミーゴ」と呼ぶと向こうからも僕と友だちという感覚になるようです。相手からすると最初は照れがあると思います。いきなり、「アミーゴ」なんて言うやつはバカじゃないかとも思われるかもしれませんが、相手も慣れてくると苦笑いしながら「アミーゴの○○です」と言うようになったりします。クスッとした笑いを誘う言葉が「アミーゴ」です。なお、女性はスペイン語だと「アミーガ」と呼ぶらしいのですが、僕の場合、女性も「アミーゴ」です。

「彼、友だちなんです」と言うと、人によってはまだそこまで仲良くなってないかもと思っていても、「アミーゴ」と言われるとなんだか友だちだなという気がしてくるから不思議です。僕がこの魔法の言葉を使うようになってから、友人たちも「僕も使おう」と言ってくれたり、アミーゴのような自分専門の魔法の言葉を考えたいと言ってくれたりしています。

ベンチャーのある経営者は「純二さんから紹介される人はみないい人だ」と言ってくれるのも僕がアミーゴをつなぐからです。「アミーゴ」はやはり、魔法の言葉なんです。

## ［ステップ3］人脈づくりをはじめる

### 相手と対等の立ち位置に立てるようにする

自動車メーカーの役員の方が言っていたことなのですが、若い人たちと仕事をするときに自分の肩書がじゃまになるそうです。相手が遠慮してしまうということですが、肩書がないほうが仕事がうまくいくということはよくあるのではないでしょうか。この役員の方は、仕事をするには目線を若い人たちと合わせるうえでは肩書がじゃまだと言っていますが、初対面の人が自分はこれだけ偉い役職なのだとか、こうしたすごい実績を持っているのだとひけらかされると、なんだか上から目線で来られるようでどうしても一歩引いてしまいます。

**初対面ならなおさらですが、あくまでも対等の立ち位置に立てるようにしたいものです。人脈づくりにおいてこのスタンスはとても大切です。**

僕の知り合いは基本的にアミーゴなので、みなさんその肩書を誇示することはなく、どんなに偉い人でもフラットに会話ができています。僕はとても著名な経営者や役員の方たちが知り合いにいますが、みなさんとても気さくなので、僕も遠慮なく言いたいことを言えています。この関係でいることはとても大事だと思っています。

こうした人は、年下の人に対しても礼節をわきまえているので、自然とリスペクトしてしまいます。世間では偉い人と思われていても、自分ではその空気感を感じさせない人はどこか信用が置けるのではないでしょうか。

## まずは縦の人脈を6割つくる

自分のことを振り返ってみて、**20代から30代にかけての若いうちはまず縦の人脈をつくっていくことが大事だと思います。**この時期は自分の所属する業界や業種の人や同じ職種の人をつくっていくことに注力したことで、「新規事業の河上」という自分の専門性が磨かれることになりました。縦の人脈の完成形が10割だとしたら、若いうちにまず6割までは構築すると決めて、意識的に人脈づくりを徹底的にしていくことをおすすめします。そして6割がほぼできたなと思ったところで、横の人脈も広げていくということをやるべきかと思います。

この6割の規模感は人によって捉え方に違いがあると思いますが、僕の場合はある程度、いまの仕事を自分で回せる環境づくりができ、その仕事をスムーズに動かせられるネットワークもできていると思えるレベルです。上司から信頼されて仕事が任され、QCDが揃った外部の協力者を複数持ち、小さなプロジェクトが自分で運用できるくらいの感じといったらわかりやすいでしょうか。仕事仲間の名簿がある程度整ったという状況です。

残りの4割のイメージは、僕がマーケティングの担当者だとしたら、CMO（最高マーケティング責任者）や同業のマーケティング責任者、同業の社長、高名なマーケター、社内外のこうした人たちです。仕事の幅を広げるには、この4割の人たちとのコミュニケーションがとれるとやりやすくなります。

## 利益度外視で社外のプロジェクトに関わる

自分の仕事の裁量を広げるには縦の人脈を伸ばしながら、横の人脈も伸ばさなければなりませんが、利益度外視で社外のプロジェクトに関わることが手っ取り早いと思います。

若い人たちの特権として、同世代の人たちとコミュニケーションが取りやすいことがあります。異業種交流会やボランティア、僕が若かった頃にはなかったですがいまは副業も許されるようになってきています。とにかく、**外部とつながるチャンスは気後れすることなく何でも出てやれと前向きになることです。**

僕は20代後半のときにマネジャーになったのですが、このとき自分の人脈のなさが仕事上かなりのネックになっていました。この悩みは同世代の横の人脈のマネジャーたちも共通していたので、そこから人脈を広げるためのコミュニティをつくろうとの発想になったのです。そのコミュニティでもっと横の人脈を持ち、少しでも仕事の成果につなげられないかと考えました。そこから、交流スペース「ギャラリーカフェバー縁縁」をつくるプロジェクトがはじまりました。

このプロジェクトは少し大掛かりでしたが、もっと身近なコミュニティに自腹で参加することでもかまいません。

例えば、ゴルフが好きなら、ゴルフサークルを探して参加するなり、自分でサークルをつくる。仕事に関連するコミュニティがあれば、そこに参加してみる。「人事ごった煮会」という人事部の人たちが集まるコミュニティが有名ですが、こうした組織に入れば、職種の悩みごとを共有しているので、大いに仕事に有益だと思います。

ちなみに、「人事ごった煮会」は僕の知り合いが発起人なんですが、はじめからこのコミュニティをつくったのではなく、エンジニア同士がつながるプラットフォームをつくり、そこから派生した、自走型の組織のようです。人事の人がここに参加すれば人事部の人たちの集まりですから、縦の人脈がすぐに8割ぐらいできるのではと思います。

また、**こうした組織の主催者や発起人はイニシアチブを持っていますから、人が自分に集まってきますし、情報発信する際の影響力も強いものがあります。**

## 複数の名刺を持つ

名刺とは所属する組織の一員であることを証明するものであり、また職業や役割を示すものでもあります。**名刺を持つことで社会のなかで自分の立ち位置がわかります。そして、複数の名刺を持つことは、複数の領域のスキルやネットワークがあることになるわけです。**副業や兼業なら仕事関係、ボランティアや趣味のサークルならプライベートな人間関係、そうしたネットワークの同心円が広がることで仕事や人生において相互作用の働きが生まれます。近年の副業推奨の流れはまさにこのことで、副業先では本業のスキルやネットワークを活かし、現在の所属先にも副業先で得られる新しいスキルや人脈が活用できます。

双方の組織にとってウインウインですし、個人にとっても仕事の力量が増幅されることにつながります。この同心円をどんどん外側に広げていくことで人間的な成長も図れます。

僕はいま、顧問先の名刺が11枚に、ワインエキスパートの名刺もあります。それ以外に社団法人ライフクリエイト協会理事の名刺、イタリアンレストラン「Osteria dieci

（オステリアディエチ）」のオーナーの名刺も持っています。
それを出会う相手にあわせて最適なものをお渡しする形で使い分けています。

## 社外ネットワークづくりのはじめ方

副業や兼業は会社によってはまだ制約がありますが、**複数の名刺を持つなら、まずはテーマを決めて、小さなネットワークからはじめてみることです。**僕がネット広告のD2Cの社員のとき、社長の指示で社内ではじめたのが「ゼロイチラボ」でした。これは、未来のトレンドを読むために隔月開催のミートアップでした。社内のコミュニティサロン的なスペースに参加者を募って開催しました。バーカウンターのあるスペースでしたがキャパシティは30名ほどですので自由参加にしていましたが、こちらから参加して欲しい人に声がけもしました。D2Cの社員はもちろん、親会社の電通やNTTドコモ、投資家やベンチャーキャピタルの人たち、IT系のメディアの方々にも参加してもらったりしました。

そこでは第1回のテーマがAI（人工知能）でした。そのテーマについて、僕ともうひとりの幹事がＡＩの注目ベンチャースタートアップの代表を何人もアサインして、30人ほど参加のミニセミナーを開くわけですが、その場は勉強会でありながら、外部の人と社内の人を結びつける交流の場にもなります。講師役を担うベンチャー側では電通やドコモグループ、ベンチャーキャピタルやメディアなどとネットワークづくりができるので、双方ともにウインウインです。

さらに、このミートアップが招かれる側のプロダクトやサービスのプレゼンの場になれば、ビジネスマッチングにもなります。そうなると、より満足度が高まります。このミートアップの模様をライブ配信や動画配信すれば、また違った価値が生まれるかもしれません。

こうしたことを経験しながら、徐々に違ったコミュニティをつくっていけばいいのです。

なお、このミートアップの2回めがＶＲ（仮想現実）、3回めがブロックチェーン、4回めがフィンテックでした。「未来を読む」ことをコンセプトにしたのですが、**コミュニティをつくるにはテーマやコンセプトなどはっきりした大義名分がないと、集まって欲しい人にブレが生じるので、ここのところは大切にしなくてはなりません。**

また、このときのコミュニティ活動が現在のベンチャースタートアップの顧問の仕事に大きな力になっていることも付け加えておきます。

## 社外ネットワークのスタートが「縁縁」だった

社外でのネットワークはこれまで何度も述べた「ギャラリーカフェバー縁縁」での活動がまずは特筆できることです。20代の終わりにマネジャーになったときに人脈の弱さをなんとかしたいと仲間と共同ではじめたカフェバーですが、ここから4年で2500人のSNS上のコミュニティグループが生まれました。2500人がSNS上とリアルスペースで交流するわけですが、2005年の開始当初はミクシィやグリーが中心でした。1つのカフェバーを基点にして2500人ですから、当時としては画期的なコミュニティです。僕たちの他にも同じようなコミュニティはありましたが、これだけ大勢の仲間が集まるところは「縁縁」しかなかったと思います。

そしてこのコミュニティの人たちを対象にお店側で仕掛けたのが「縁縁リアルソーシャルネットワーク（RSN）」です。月に1回テーマを決めて、お店に集うイベントです。お店のキャパシティは50名ほどですがそこに毎回100人近く、150人集まったときなどは警察が来たこともあります。これは「RSN1・0」「RSN2・0」というようにバージョンアップしていきました。そしてここから野球部ができたり、レコードレーベルやアーティストのグッズ制作のグループなども自然発生的に誕生しました。

おそらく、「縁縁リアルソーシャルネットワーク」はSNSコミュニティとして実際に活動していたものの先駆けと言えたかもしれません。

## コミュニティの核の人を身内にする

こうした**コミュニティをうまく運営するコツは、サロンなりコミュニティをつくって人が参加してきたら、そのなかで活動的な人をスタッフ側に呼び込んで、幹事になってもらうことです。**

すると、その人が知り合いを呼んできます。はじめは3人程度の発起人ではじめても、そうした外の力を内部に取り込むことでコミュニティの層がどんどん膨れていきます。

当時呼び込んだのはミクシィやグリーで名を知られた人でした。その人ひとりで数十人がやってくるほどです。そうした人が20人ほど幹事になりました。彼ら彼女らはリーダーシップがあるので、コンピュータグラフィックコミュニティや同じ星座同士の乙女座の会といった部活動的なコミュニティをつくり、それが「縁縁リアルソーシャルネットワーク（RSN）」のイベントのラインナップに加わっていきました。

RSNは2000円の会費制でしたが、SNSでイベントの告知をするとキャパシティの50人が1時間半ほどで埋まりました。予約制でしたのですぐに予約が埋まるのですが、キャンセル待ちの人がいたり、予約が取れなかった人が直接お店に来たりするなど、かなり盛況なコミュニティでした。

## 友人の数珠つなぎがナチュラルインフルエンサーになる

仲間が仲間を呼び、SNSでどんどん拡散していくので集客力も上がってきます。すごいPRになります。心から思うことですが、**人脈づくりにはまずは自分の仕事のサポートになったり、趣味趣向にあったコミュニティを探して参加することです。そこで**

**仲間をつくりながら、次は自分がコミュニティの主催者になってみることです。**

はじめは小さなコミュニティではじめ、少しずつ大きくしていくことです。やはり、主催側に回ったほうが圧倒的に人脈の濃さが違ってきます。

**交流会などに参加するときは、目的やテーマを持って参加するといいです。**何か出会いをしたいという漠然とした考え方でもいいのですが、「今日は自分とは違う業種の人5人と知り合う」とか「いまの仕事の幅を広げられるような人と知り合う」など具体的にすると、自分から人に話かけるようになります。気後れがちな人は、主催者を探して自分が知り合いたい人を紹介してもらうというのもいいでしょう。

「友だちに誘われたからとりあえず行くか」という姿勢だと、前のめりにならず、実《み》になりません。

そして**これは必ず行ったほうがいいのですが、早めに行くこと、それも一番乗りです。**開始の5分から10分前に会場に行けば、幹事にゆっくり挨拶ができます。そしてその幹事が別の幹事を紹介してくれたりします。こうして、まず幹事を押さえます。

そして会がスタートしたら、幹事のそばにいるようにします。そうすれば、幹事が他の参加者を紹介してくれます。

よく遅れてくる人がいますが、これはせっかくのチャンスを不意にするようなものです。交流会などではスタート前に会場に入る。絶対に遅れて行かない。これが鉄則です。そのあとは最初の30分で知り合った幹事、幹事の友人、その友人が友人を連れてきて紹介してくれるという流れになるので、とても有意義な場になると思います。

さらに付け加えると、ドリンクスペースのそばにいるといいです。そこにいると飲み物を取りに来る人との会話がはじめやすいからです。

**そのうえで大事なことですが、交流会の翌日の午前中には必ず連絡するようにします。**

これをしない人が結構多いのです。

「昨日はお疲れ様でした。昨日は無事に帰れましたか。いろいろと楽しいお話ができました。ありがとうございます。引き続きよろしくお願いします」

この程度でかまわないので、何かしらの連絡を必ず翌日の午前中までに行うところまでが交流会です。

## 第4章　人脈づくりのポイント

**［ステップ1］商品としての自分を言葉にする**

□得意なことに特化して徹底的にそれを伸ばしていくことがこれからを生き抜くうえでの強みになる。

□就職、転職というのが客観的に自分を分析するには一番の機会。

□人生のうち75％ぐらいは人との付き合い方がうまくできれば、人生が豊かになって発想の幅も広がる。

□幸せになりたいと考えるなら、人脈を広げることを早いうちからはじめる。

□人脈は量を増やすよりも質を考えたほうがいい。自分にとってカギとなる人との出会いを求めるのであって、単純に量を広げてみても意味をなさない。

□「いま、こういう人に会いたい」と本気になって口に出すと現実になる。悩んだときはまずは人に伝えることが大事。

□思っていることは、声に出して周囲に伝えておくと、必要な人脈が近づいてくる。

□夢を実現させたいなら、強く思い続け、それを声に出して公にすることで必要な人脈を引き寄せることができる。

□会話では、相手に興味を抱くこと、そして相手の話をまずは聴くという姿勢に努める。そのうえで、自分自身は飾らずに話す、盛らずに正直に話すことが相手へのマナー。

□初対面の人とは、自分のことを盛らずに、フラットな気持ちで話をしてみると意外に楽しく話せたりする。相手はこちらと同じ人間なんだと思うと、すっと気分が軽くなる。

□自分を他人に伝えるときに、商品概要説明書のように自分を客観的に言葉にすると自己アピールしやすくなる。

**［ステップ2］オープンマインドの扉を開く**

□人に対する興味関心の気持ちがあると、相手のことをよく知ろうと思える。

□初対面の人との会話では、自分から一方的に話したいことを話すのはあまりうまくいかない。営業トークと一緒で、押すのではなく傾聴する姿勢がとても大事。

□傾聴する姿勢をつくるには、相手あっての自分というスタンスをとること。

□聴くスタイルを習慣にしていると、相手の言った曖昧な表現が奥底で伝えたいニュアンスがわかってくる。

□人は話を聞いてもらえると嬉しいもの。

□相手の立場を理解して、相手が話したい雰囲気をつくることが大事。こうした謙虚に相手の話を聞く態度は人脈づくりにも大事。

□雑談力を磨くには、知識や経験を増やすことを習慣にする。雑談は、ネタが命。

□会食ミーティングでは相手の話に傾聴することから入って同調し、そこで出たアイデアなどを膨らましてからクローズに持っていく。傾聴→同調→拡張→クローズ、この一連の流れを1時間で行うようにする。

□面談後の約束は忘れずにすぐやることが信用力を上げるにはとても大切。

□頼まれたり約束したことは日を置かずにすぐやることで相手から信頼されるようになる。

□人を紹介するのに、60秒程度がベスト。

□「60秒の他人紹介」のとき、紹介したい人のことをフェイスブックなどで予習していく。

□人を仲介するときに大事なことは、紹介する人される人の共通項を見出すこと。

□初対面の人との対話で大事なことは、自分と相手の共通項をちょっとした会話から引き出すこと。共通項がある人同士は好意的な関係になりやすい。

□自己紹介は現在の自分が相手に簡単にわかる程度でよい。「ポイントを簡潔に」を意識する。

□はじめの一歩を踏み出すきっかけをつくってあげるとみな頑なな気持ちが柔らかくなっていく。これをはじめの30分ですることで大体その会は成功する。

□「アミーゴ」の関係をつくる。

**［ステップ3］人脈づくりをはじめる**

□初対面の人は、あくまでも対等の立ち位置に立てるように意識することは、人脈づくりにおいてとても大切なスタンス。

□20代から30代にかけての若いうちはまず縦の人脈をつくっていくことが大事。

□外部とつながるチャンスは気後れすることなく何でも出てやれと前向きになること。

□名刺を持つことで社会のなかで自分の立ち位置がわかる。複数の名刺を持つことは、複数の領域のスキルやネットワークがあることになる。

---

□複数の名刺を持つなら、まずはテーマを決めて、小さなネットワークからはじめてみる。

□コミュニティをつくるにはテーマやコンセプトなどはっきりした大義名分がないと、集まって欲しい人にブレが生じるので、このところは大切にする。

□コミュニティをうまく運営するコツは、サロンなりコミュニティをつくって人が参加してきたら、そのなかで活動的な人をスタッフ側に呼び込んで、幹事になってもらう。

□趣味趣向にあったコミュニティを探して参加することで仲間をつくりながら、次は自分がコミュニティの主催者になってみる。

□交流会などに参加するときは、目的やテーマを持って参加する。そのうえで、早めに行くこと、それも一番乗り。

□交流会などで面識ができたら、その翌日の午前中に必ず連絡するようにする。

第５章

# 10年後に活きる人脈のつくり方

## 出会いの質を上げるスパイラル

僕がイメージする人脈の理想的な形というのは、バネのようにスパイラル状になっていることです。年齢や仕事のレベルが上っていくことでどんどん螺旋状に上に上がっていく感じです。

20代前半では自分と同じぐらいのレベル感の人と知り合い、仕事の相談ができ、仲間を紹介してもらったりする、そんな関係からはじまっていく。そして、一通り仕事を覚えた頃にはそのレベルでの縦と横の人脈ができ、管理職になればマネジメントに関係する人脈や業界を飛び越えた縦と横の人脈を築いていく。自分の成長に合わせて、徐々に自分よりも一段とか二段上の人脈も増えていく。社会的地位の高い人からはマナーや人付き合いを教えてもらったり、話す話題に厚みを出すために引き出しを増やすことを怠らない。こうして、出会いの質をどんどん上げていけるといいと思います。

これが習慣になると人脈の輪が相乗的に上がっていくので、このことをいつも意識して実践していくことで人脈の量と質がスパイラルアップしていきます。

そして**良質な人たちとの人脈を意識してほしい**のです。良質な人はやはり良質な人を連れてきてくれます。皆さんにとって良質な人たちとはどんな人たちでしょうか。

以前、香川照之演じる金欲のかたまりのような男がテレビ局を買収しようとするストーリーのテレビドラマ『新しい王様』を観たときのことです。彼を取り巻く人たちがバブリーな社長やカジノ王だったりするのですが、ギブアンドテイクでいうところのテイカーのような人たちに囲まれてくると自分もテイカーになってしまうんだと妙に納得してしまいました。テイカーにならないためには、質の良い人との出会いを意識する、そんなことを思わせるドラマでした。

**僕自身、良質な人たちとの出会いがあったから、自分が大切にしている幸せの価値観を見失わずいまこうして幸せな働き方、幸せな生き方ができています。**自分では若い頃はとくに意識していませんでしたが、自分のありたき姿に近づくことをしてきたことで、いまとなっては結果的に良質の人たちとの出会いがあったことがよかったと実感しています。なんとなくではありましたが、目標を持って生きてきたことが良かったと思うのです。

20代のときはクリエイターになりたいと思ったので、優秀なクリエイターの方々と出会えていったことで、そののちのプロデューサーのような職種になれたのだと思っています。20代後半から30代にかけては管理職になり、マネジメントの先輩の方々や大手企業の部長の方々、会社経営者と出会いたいという気持ちからそうした人たちと出会えるコミュニティ活動をしたことで、後々には120人もの部下を持つ役割を果たせるようになりました。40代以降は横の人脈をもっと広げたいと思い、さまざまな分野や領域に活動を広げていき、多彩な人たちとアミーゴの仲になることができました。

そうしたプロセスを経て人脈を積み重ねてきたことで、いまの自分があるのです。はじめは参加する側でしたが、「ギャラリーカフェバー縁縁」をきっかけにして次のステップに上がっていきたいと思う人たちのために出会える場をつくってきたことが、僕のステップアップにつながっていったんです。自分で言うのもなんですが、**ギブアンドテイクのギバーの役割を演じていたら、その恩恵を自分が受けていた**ということです。

## 出会う人の質を意識する

こうした活動をしてきたことで、僕は結果として10年後に活きるような人脈を築いてられたのです。そして、知り合いになった質のいい人に僕は支えられてきました。

ここでいう質には2つあって、1つはベンチャーの社長であったり、優秀なクリエイティブディレクターだったりという社会的ステータスという質です。これはただ単に役職が偉いからいいということではなく、社会的ステータスが高い人は有能な人たちとのネットワークが多く、そのコミュニティに入れてもらえれば、自分もそこにキャッチアップする努力をしなければと奮起させる原動力になるからです。成長の源泉ということです。

もう1つは自分との親和性という質です。人脈というのは結局人付き合いということなので、自分とまったく合わない人だったり、自分の価値観とは全然違う人と付き合うのはストレスであり、うまくいく可能性は非常に低いと思います。だから、自分と目指すべき姿が同じだったり、価値観やノリが似ていて親和性が高い人と一緒にいるとモチベーションを上げてくれるものです。

社会的ステータスがあまり高くなく仕事での接点が弱くても、すごくいいやつで夢の話をするとすごく盛り上がって高揚させてくれるような人だと、僕にはない人間性を知ることができます。また、ちょっと気難しいところがあるけど、ものすごく多くの仕事の経験を持ち、たくさんの実績もある学ぶべきことが多い人も、僕にとっては質のいい人です。

こうした人たちとつながり合っていることが、自分にとって良質でいい人脈のポートフォリオになっています。こうした人たちが周りにいることで将来の夢を見ることもできます。例えば海外で働きたいとかベンチャーを立ち上げたいとなったら、人脈の引き出しを開けて、海外を活動拠点にしている人や投資家の人に気軽に相談できます。

**価値観が同じ人が集まると自然と何かを生み出すエネルギーが湧いてくるものです。**

「ギャラリーカフェバー縁縁」のはじまりが仕事の人脈が欲しいと思う仲間たちとの雑談からでしたし、「芝浦ハーバーラウンジ」は30代半ばを過ぎて会社と家の往復では味気ないからサードプレイスが欲しいと思った仲間が同じような思いを話し合ううちにはじまった取り組みでした。「en@PLUSTOKYO」は面白いビジネス交流会がないと思う仲間が集まってはじめたコミュニティです。同じ目線の人が5人とか10人集まると次へのアクションへと向かうものなのです。みんなで集まって話し合っているうちに、「同じだね、俺もそう思ってた」という機運になったりします。

## サードプレイスを持つことの意義

人脈を広げるうえで大切なことのひとつに、サードプレイスがあります。普通、コミュニティの単位は、家と会社が多いのではないでしょうか。これにサードプレイスが加われば、チャレンジ環境が広がります。サードプレイスといっても、帰りに寄る行きつけのバーでもいいですし、キャンプや釣りのグループでもいいでしょう。会社の同僚とは違った仕事の情報が入りやすいですし、困ったことがあれば気軽に相談もできます。サードプレイスでのネットワークとは大体が趣味など共通項からのつながりなので共感をいだきやすいのです。肩肘を張る必要がない場所なので、仕事の情報交換をするにしてもギブ&テイクのビジネスライクではない、ギブ&ギブなフランクな関係ということが多いです。つまり、見返りを期待しない関係です。

これからのビジネスパーソンが幸せに働くうえで、人脈がとても大事なことだととても実感していますが、前にも述べたように、人脈に加え、知識と経験も社会人にとって重視すべきことだと思います。この3つが揃ってこそ、幸せな働き方、幸せな生き方ができるのです。

情報がものすごく溢れかえっているなかで、必要なものを取捨選択する能力が今後ますます重要になっていきます。そして必要な情報を必要なときに取り出せるようにしておく、つまり知識の集積の仕方もビジネスキャリアのなかでレベルアップしていかなくてはなりません。

仕事を覚えたての頃の知識と熟練してからの知識は違います。職種が変われば必要な知識も入れ替える必要が生じます。状況が変われば、必要な知識も変わる、次のステップに上がるためにどの情報が必要かを絶えず見極められている状態、そのとき必要になる知識をすぐに蓄積できるように準備できていることがキャリアのステージを上がっていくためにとても大事だと考えています。

こうして知識の積み上げ方ができる感覚と能力と習慣がとても大事になってきています。必要の都度必要な情報を仕入れるというよりも、次のステージを見据えて情報収集をルーティン化する姿勢です。次の役割に応じて自分に必要な情報を取捨選択して知識として蓄えるイメージです。

次のステージに何が必要な情報なのかに気づくには、家と会社の往復ではままならないと思うのです。**気づきというのは往々にして雑談や会話から生じるものだからです。人と話しているうちに、ちょっとした言葉の端からひらめきが生まれたりします。そうした意味で、仕事との接点とは違った人たちとのサードプレイスでのコミュニケーションがものすごく大事になってくるわけです。**

会社が日常だとすると、非日常的なサードプレイスでの会話が化学反応を起こし、それまで気づかなかったことがぱっと思いついたりする、セレンディピティにつながることもあります。

## 溜まった名刺の整理と活用

僕の場合、これまで出会った人との名刺が独立する時点で9600枚ほどありました。以前は名刺交換したら名刺ファイルにすぐに入れてしまっておきました。それを必要の都度、名刺ファイルから探し出して使う感じだったのですが、これだけの枚数があると探すのが大変です。

それが、名刺アプリ「Ｅｉｇｈｔ」のサービスが開始されたので、名刺はすべてデータ化しました。データ化したおかげで必要なときに必要な人がすぐに検索できるので、すごく便利になりました。9600枚の名刺データというわけですが、このうちアクティブにやり取りしているのは3〜5%ほどで、1年間だと10〜15%くらいだと思います。

また名刺アプリだと自動的に名刺がアップデートされるので、昇進や転籍などがあれば、すぐにわかります。佐藤さんはM社からD社に転職したんだとか、鈴木さんは課長から部長に昇進したことが自動的にわかるなんて、紙の名刺時代では考えられないことです。

これまでどれだけの人と出会ってきたかが名刺の数でわかるわけですが、できればこの9600枚の名刺の方々と常に何らかのコミュニケーションが取れていれば最高です。ただ、時間は有限ですし、僕は体が1つしかないので物理的にそれは無理です。そのため、いま抱えているテーマについての人たちとのアクティブなコミュニケーションにならざるを得ないです。ただ、この人たちもそもそもは、人脈づくりの出会いからはじまった人ばかりです。

## 資金調達ニーズに応えたいとの強い思いがもたらしたこと

どんどん膨れ上がっていった人脈ですが、昔から「こんな人に出会いたい」という思いを持ってそれを実現させている結果が僕の人脈の中心にあります。こうした人たちがアクティブな仲間になっていくのです。

僕がベンチャーやスタートアップの顧問を請け負うようになったときに多かった相談が、資金調達の話でした。当時僕は、お金絡みのことはあまり得意ではなかったですし、お金に強い人脈もあまりありませんでした。ただ、資金調達や融資などはベンチャーやスタートアップには動脈のようなものです。会社経営では、人材、営業・マーケティング、そしてファイナンス、この3つに関する人脈は必須なので、僕が弱かったお金についてのネットワークづくりにこのとき一所懸命取り組むことにしました。

そのために交流会などの出会いの場も利用しましたが、ベンチャーキャピタルなどの人たちとの交流が効率的に行える場はどこかということを考えました。そこで、つてを頼ってピッチと言われる、スタートアップが投資家に対して事業アイデアをプレゼンするイベントにコメンテーターや審査員やファシリテーターなどとして参加させてもらうようにしたのです。

もちろん、そうした場に一般客で行っても名刺交換はできると思います。ただ、主催側の関係者でいると、「参加していただいてどうもありがとうございました。これからいろいろ相談に乗ってほしいこともあるのでよろしくお願いします」と言えるわけです。こうして1年半ほどで100人ほどの投資家の方々とのネットワークができました。

これで僕はお金についての相談が来たときにいろんな人をアテンドすることができるようになり、顧問としての存在意義を大きく広げることもできました。ほとんどゼロベースから構築したわけですが、**思ったことは行動に起こすことがとても大事**だということを改めて皆さんにお伝えしたいと思います。

## 悩みを相談するなら仲のいい人に限る

このように仕事のうえでの人脈はとても心強い存在です。前にも触れましたが、30歳前の香港企業でのリストラのときも仕事関係の仲間たちに助けられました。

いまとなっては、「反逆魂で切り返さなきゃ、落ち込んでる場合じゃない」と冷静にこのときの自分を見ることができますが、正直なところ、あのときは1カ月以上落ち込んでいました。なんでこの若さでこの自分がリストラになったのか、自分のことを振り返りもしました。リストラされたこと自体恥ずかしく思っていて、周りにもなかなか相談できずにいました。ただ、何とか切り返さなければならないので、ヘッドハンティング会社の人のところに相談に行くと、「11カ月ですか。ちょっと早いですね」とも言われたりしました。

この暗い気分のときに転職経験がある外資系で働く友人に相談したら、類は友を呼ぶといいますか、「別にそれって外資なら普通のことだよ。シビアだけどそれが普通だから、みんなすぐに別の会社にチャレンジするんだ」と言われたことで、「あ、自分が特別にダメだからクビを切られたわけじゃないんだ」と思い直すことができ、切り返しに入りました。

ただ、さすがにもう外資系はいいやと思い、日本企業に行くことに決めました。

やはり、**悩み事は仲のいい友人に相談するのがいちばんガス抜きになる**と思うのです。

その頃、よく相談に乗ってもらっていたのがデジタルハリウッドのときに出会った友人です。彼は大手生保会社に4年勤務したのち、デザイナーの道を志し、いまはデザイン会社を経営しながら半分ハッピーリタイヤのような生活を送っている成功者です。

あの当時、彼も僕も後戻りできないという状態で授業を受けていたので、座る席もいつも最前列でした。年が近く志も同じなので、自然と仲良くなり、僕が何か壁にぶつかるとよく話を聴いてくれていろいろと諭されました。こうした人なら自分の弱い部分を安心してさらけ出せます。その後、転職していくなかで、こうした相談相手は何人かいました。

45歳で独立するときもこれからどうするべきかと人生の大きな山を前にしてベンチャー企業のメンターのような社長に相談しました。そうして相談することで、自分の考えが言葉に出てきて方向が定まったのです。

## 自分の存在意義がはっきりすれば人は幸せになれる

こうしてみると僕は本当にいろいろな人に支えられているんだと改めて気づかされます。それもこれも、好奇心からいろいろな人に出会うことを続けてきたからです。そして転職を何度も繰り返してきたことやコミュニティをいくつも運営してきたことで、社内と社外での自分が安心できる立ち位置をつくり上げることができてきました。

人脈には縦と横のどちらも必要だと何度も述べてきていますが、自分の生き方によって両方とも充実させる必要もあれば、どちらか片方が充実していればいいという考え方もあります。どちらにしても、会社やコミュニティのなかで自分の存在意義がはっきりしていることが幸せにつながるのだと思っています。

**大事なことは、自分の生き方、自分がこうありたいという生き方に合わせていけばいいと思うのです。**だから、いまいる会社が心から好きで、そこでずっと最後まで勤めるつもりなら、社内での自分の存在意義がどうあるかを考え、社内でいろいろと立ち回れるための社内ブランディングを中心にするのでもいいと思います。

でも、いま価値観が多様化していくなかで、とくに若い人たちは社外ブランディングを意識しておかないとこれからは厳しくなると思います。そのためにはSNSを使って自分ブランドを積極的に発信していくことからはじめてみるのがいいでしょう。これをまずはちゃんとやれば、どんどん自分の輪が広がっていきます。このとき、自分の得意分野でブランディングできるとやりやすいかもしれません。

僕の場合だと、飲食店オーナー、ワインソムリエ、イベントオーガナイザーといくつかありますが、「△△株式会社営業部の○○さん」ではなく、社外の人たちに向けて「サラリーマンでありながら□□のプロの○○さん」として特徴づけることでSNS上での社外ブランドになっていきます。

いまの仕事で同じ業種や職種での社外ブランディングももちろんあります。例えば、自分がクラウドサービスの会社員であれば、同じIT業界の仲間たちとクラウドサービスの未来を語り合うコミュニティ活動を行えば、そこから社外ブランディングの基盤ができます。本業を強化するための社外ブランディングのためには、社外の人たちとの接点を若いうちからつくっておくことです。

## 社外活動が価値観を拡張する

僕の場合は転職7回ということで、それぞれの会社での役割を考えてきました。会社それぞれにその会社なりの特徴がありますから、そこに合わせての立ち居振る舞いということも考えなくてはなりませんでした。

日本型経営の丸井から外資系のＩＴ企業ゲートウェイに移ったときは仕事の仕方が全く違ったのでその職場のやり方を覚えるまで相当大変でした。また、ベテランの営業力が強かったＵＳＥＮから若手が活躍するモバイル広告のｍｅｄｉｂａに移ったときもそれぞれの文化や風土に少なからずカルチャーショックを受けました。そして、ｍｅｄｉｂａの競合のＤ２Ｃに移ったときも同じ業種でありながら企業文化は全く違っていました。

ただこうして日本企業から外資系企業、大手企業からベンチャー、さまざまな業界といろいろな企業文化を経験したからこそ、自分自身を拡張させることができたのだと思っています。ゆく先々で自分の価値観が拡張していったからです。これが１、２社の価値観しか知らなかったら、自分の可能性があまり広がっていかなかったのかもしれません。人間はそれぞれ可能性がたくさんあり、それと同じように多様性も持っているはずです。だったら、**チャレンジできるうちはいくつもの価値観に触れ、多様な考えを経験するべきだと思います。**

また、価値観を拡張するためには積極的に社外活動をするべきです。その際には、実名でもいいですし、実名だと問題があるなら匿名でもいいので、価値観を拡張するために、どんどん自分をSNSで打ち出していくことが大事です。それが自分の可能性を広げることになり、豊かな人生につながっていくはずです。僕自身、そうしていま、幸せを実感しています。

今後一層、複雑で多様化する時代になっていくと思いますが、**価値観を拡張することはリスクに備えることにもなるのです。**

## 自分ブランディングからホンモノ人脈を築く

**多様な価値観を経験するなかで大事なことは、その価値観がどうあれ、自分軸はぶれないようにすることです。**組織にいれば上司や取引先などの言うことに従わざるを得ないことはあります。

しかし、上位者の言うことにすべて従順になるということでは自分の軸がないことになります。組織の論理は理解しながらも、自分の軸での判断基準は是非にも持ってほしいと思います。それがないと、自分ブランドがつくれないからです。

**自分ブランドとは、他の人にはない自分らしさというものです。自分がこうありたい**

**と思う人格になれればすごく幸せです。そこに近づくのが、自分ブランディングだと僕は思っています。**そのために自分磨きをしたり、ネットワークをつくる。これは作業と言ってもいいかもしれません。そして自分ブランドができてくれば、必然的にそれに近い人たちと出会っていきます。自分の志向に近い人が集まりだし、それがホンモノ人脈になっていくのです。**幸せに働く、幸せに生きるには究極的にはホンモノ人脈のなかに入ることなのです。**

志向が近い人たちは目線や価値観、夢とか性格などが近いわけですから、自然とお互いのシンパシーが強くなります。そこは居心地がいいはずですし、仕事を一緒にしたいと思いますすし、そうなればお互いをリスペクトできていいアウトプットも出せるのではないでしょうか。僕はなんとなく、こうした心地よいネットワークにスムーズ感や充実感を感じます。やっぱり気心の知れた仲間、シンパシーの度合いが高い仲間だとお互いに遠慮がないので、思ったことを言い合えます。すると、何かをはじめようとしたときに動き出すのが早いです。

充実感ということで言うと、僕が50歳になるにあたって改めて思ったことが「嫌なやつとは仕事をしない」です。気の合う仲間と仕事ができれば、人生が充実するはずだと考えたからです。若い頃は人間関係でのストレスもありました。若いからこそ人間関係のあり方がわからなかったから仕方ないと思っています。それでもストレスがパフォーマンスを低下させるもとでもあるわけですから、ストレスなく仕事をする環境をつくるうえでシンパシーが強い人たちとのネットワークがとても大事になってきます。

自分のありたい姿に近づく努力をする。そのために自分ブランディング活動をする。そして、そこから生じた価値観に合った人たちと活動をともにする。この流れができれば、仕事も生き方もうまくいくはずです。

## 日本と欧米の価値観の違い

**価値観が合う人とは、気持ちのうえでフラットな関係が保てます。** フラットだと年上であっても変に敬語にこだわることもありません。もちろん、タメ口ということは日本の組織ではありませんが、フラットなコミュニケーションはとても大事です。年齢や役職にかかわらずフランクになんでも言い合える関係だと、いいアイデアも出るし、ビジネスもドライブしやすくなります。それには、年齢や役職が上がっても、プライドを捨てることが大事だと思います。

今後、日本における働き方は、親子どころか60歳過ぎの人が孫ほども年齢差がある若手と一緒に成果を出すようになってくるはずです。そのときに大事なことは、フラットなコミュニケーションです。50歳の僕にしても偉そうにしてたら、顧問先のスタートアップの20代の経営陣たちは心を開かないでしょうし、一緒に仕事をする気にはならないと思います。逆に、早いうちに経営に携わっている彼らをリスペクトし、フラットな価値観で彼らと同じ目線でいなければ仕事が回っていきません。

そう思えるようになったのは、これも転職7回のおかげです。外資系企業では働き方の価値観や接し方がとてもフランクでした。社長に対して、みんな「はーい、ボブ」という感じで呼びます。そして、仕事が片付いて夕方から、社長を誘ってカヌーに行くようなこともありました。実績さえ出していればいいんです。それがプロフェッショナルの働き方だということです。

新入社員時代の丸井ではビジネスマナーの研修などでお辞儀の練習や社内の上司にはきちんと敬語を使うトレーニングを受けました。これは日本企業としてとても一般的なことです。そうしたやり方から外資系に行ったら、いきなりジュンジ・カワカミだと呼びにくいということで「ユージーン」とか「ＪＪ」と呼ばれるわけです。当時の僕にとって革命的なできごとでした。

日本企業の価値観しか知らなければ、一度は外資系で働いてみることはいいことだと思います。転職せずとも、いまは副業や兼業もありますから、そうした制度が使えるならぜひチャレンジしてみてほしいと思います。

外資系についてもう少し言うと、会議もフラットで誰に対しても遠慮はありませんでした。議論になっても会議が終われば、後腐れがありません。意見をはっきり言い切ることでスッキリ感さえ感じます。自分の立ち位置を大事にしているんだと思いますが、それでもお互いを気づかっているという印象も受けました。

日本企業のように飲みニケーションはあまりないのですが、会議前のアイスブレイクを大事にしていて、「どうだった？　キミのところのお嬢ちゃんのピアノの発表会」とか「娘さんの受験。いま大変？」と聞かれて、「それが最近ちょっとヒステリック気味でボクも悩んでるんだよ」という感じでファミリーのことについて話したりします。

これと似たようなことですが、アップルのスティーブ・ジョブズ、グーグルのエリック・シュミットとラリー・ペイジの共通の師であるビル・キャンベルのことを書いた

『1兆ドルコーチ』（ダイヤモンド社）に、「同僚の家族に興味を持つ」という項目がありました。ビル・キャンベルという人の人柄を感じさせますが、その彼が大切にしていたのが、**「人を大切にするには、人に関心を持たなくてはならない」**ということだったそうです。これは質の良い人脈をつくるうえで、是非にも心に留めておいていただきたいフレーズです。

このように、外資系企業の会議室の雰囲気はとてもアットホームな感じですが、10分経つと「さて」と切り替えて会議がはじまります。ファシリテーションがしっかりしているからです。ですから、1時間のミーティングなら、1時間よりも早く終わらせることも特徴です。日本の場合だと、1時間だったら1時間持たせる感じですし、延長が普通です。外資系は真逆です。

これは事前に議事を共有することを必ずやるからです。資料は事前に送られ、まず見ておいてくれというのが普通であり、それを見てなければ、「来週から来なくていい」と言われるようなことがルーティンになっていました。

## いくつになってもサードプレイスを持とう

話が少し脱線しましたが、そもそもフラットな関係だとホンモノ人脈になりやすいということです。フラットな関係というと、仕事帰りのバーや地元の飲み屋などの私的な場所、サードプレイスでの人間関係があります。**仕事とは関係がない、さまざまな人たちの集まるようなところでのコミュニケーションは会社のなかの自分とは違うスタンスで会話ができるので、いろいろな気づきが得られたりします。**そうした期待も込めて、サードプレイスは持ったほうがいいです。

最近ではいろいろなところにコワーキングスペースができていますが、ここも拡大解釈すればサードプレイスの一種です。コワーキングスペースは仕事をする場所ですからバーなどと違って、仕事人だけの集まりです。ですが、人脈を広げるための1つの接点として、活用してもいいと思います。

コワーキングスペースにはコミュニティマネジャーがいるところがあります。コミュニティマネジャーとは、コワーキングスペースに集まる人同士をつなげるためにイベントを企画したり、人を紹介したりする人です。コミュニティマネジャーがきちんと機能しているようだと、ネットワークが広げやすくなります。コミュニティマネジャーとは本来、出会いを生み出すことを生きがいにできる人だと思います。僕自身、そういう気持ちが昔から強くあります。出会いを創出できたことに対する満足感が好きになったことで、その気持ちが一層強くなった結果、コミュニティを自分でつくるようになりました。そのこと自体、幸せに感じられたのです。

## ハバーが価値を持つ時代がやってくる

僕が究極的になりたいのは人脈のハブになる人、ハバー（huber）です。前にも述べましたが、『GIVE&TAKE 「与える人」こそ成功する時代』（三笠書房）という本にも書いてあるように、成功するにはやる気、能力、チャンス、そしてギバー、受け取りよりも与えることが多い人が条件です。**僕は人の出会いを提供することは究極のギブだと思っています。**「そこで何かが起こるかもしれない」「ワクワクする未来が想像できる」――大げさに言えば、出会いとはそういうものだと思うのです。打算抜きでこれをしていると、自分にも返ってくるものです。ギブ・アンド・テイクというのは原理なのです。僕はいろいろな経験をしてきましたが、人の出会いでギブをしていくことで面白い人生になっているんだと確信しているほどです。

僕は人脈をつくることの素晴らしさ、人脈がこれからの人生で自分らしい働き方・生き方をサポートするものだということを皆さんに訴えていきたい、そして、幸せな人生になってほしいという思いを込めてこの本を書いています。

ただ、人脈を広げると言うと悪く捉える人もいます。有名人や実力者と知り合いになることで自分が偉くなったり出世するための手段と考える人もいます。そうした考え方をしている人たちにも、自分が幸せに生きることで周りも幸せになる、そうした人脈の話をしたいと思っています。

人生100年時代と言われるなかで、長く幸せに働き続けるには、自分が働きやすい環境をサポートしてくれる人たちとのコミュニケーションは今後一層重要になってくるはずです。10年後を考えたとき、そのための準備をしているかどうかかで結果が変わることは明白です。

皆さんが20代30代40代の働き盛りであれば、いまからいろいろな人との出会いをはじめておけば、10年後にとても心強い仲間のネットワークができあがっているはずです。

ですから、1つ1つやるべきことに向かって踏み出してみてはいかがでしょうか。

## 幸せに働き続けるためのカギを握れ！

人生100年時代と言われるなかで、もう65歳は当たり前で70歳になっても働く社会が到来しそうです。そうなれば、人生の半分は職業人生です。そうした時代では、若い人が将来のことを考えなさいと言われても、はっきりと決めきることなどできません。世の中の仕組みもいまとはだいぶ変わっているはずです。

だから、無理に決めることはないと思います。その代わり、**自分を見つけることは常々しておく**ことです。「自分はこういうふうに生きたい」「性格に合わないことは無理にしない」「自分らしさが活かせる生き方をしてみたい」といったように、自分らしい生き方とは何かを早いうちから考えてみるのです。

**そこが見えてくれば、何をやるかも少しずつ見えてきます。**その方向性に合わせて、例えば語学などのスキルアップや人との出会いなど、やるべきことを一歩ずつはじめてみるといいでしょう。

僕の場合、45歳のときに独立という人生の分岐点が来ましたが、多くの人がこの年齢あたりになるとその後のサラリーマン人生のゴールが見えてくるので、将来の方向性について立ち止まって考えるものです。そのときに、やるべきことをやっている人とやっていない人だとその先の道幅が変わってきます。選択肢が多い人と少ない人の差ということです。

この選択肢の多さが横の人脈の意味でもあり、人との出会いの積み重ねが道幅をどんどん広げていくことになります。そうであるなら、コミュニティを活用して人との出会いの輪のスパイラルを上げていくことをしておけば、45歳前後の人生の岐路に立ったとき、思い切った決断も安心してできるようになります。ハッピーリタイヤして南の島に移住する可能性、独立開業する可能性、起業する可能性、とにかく選択肢がいっぱいできます。もちろん、定年まで会社で働くという可能性も選択肢の1つです。

この可能性を広げるには、若いうちから選択肢を広げる活動をはじめておくことがとても大事です。僕の経験から言えることですが、できれば20代から社外活動に参加し、どんどん外の姿を見ておくことです。

## 「未来逆算」は早いにこしたことはない！

僕は45歳で独立しましたが、会社組織がいやだったわけではありません。むしろ、会社が好きでした。楽しかったからです。新しい事業企画を思う存分やらせてもらいましたし、なかには距離を置きたい人もいましたが、総じて周りの人間関係に問題はありませんでした。このまま毎月給料がもらえるリスクのない幸せをずーっと続けたいと思っていました。

ですが、ＩＴ系の事業会社では技術革新のスピードに年齢的に追いつくのがきつくなっていきました。このままだと、おじさんは壁際に追いやられる。そう思って、早めにリスクヘッジしておくべきだと考えたのです。

そう考えていた頃、45年も生きてきているのだから、自分のなかに磨けば光るものをいっぱい持ち合わせているんじゃないか、それに気づかず出し方がわからないんじゃないか、このままの状態で毎日を過ごしていては、その磨けば光るものがわかるのに50歳くらいまでかかるかもしれないとも考えました。残りの人生を考えたとき、時間をムダにしたくないという思いがぼんやり浮かんできたのです。

40歳まではそんなこと、全く考えませんでした。その頃は上り調子で、いつでも仕事を見つけられる自信がありました。それが40歳を超えて、上昇カーブが少しずつ緩やかになってきたなと思いはじめました。そこで少し自分のこれまでを振り返り、これまでいろいろなことをやってきて、身につけたこともいっぱいあるなと思ったのです。

そして、なんとなく10年後自分はどうなっているのかと考えたりしていました。管理職から経営メンバーに入れるといいなとか、ぼんやり思っていたのですが、いまから考えれば、50歳の自分、60歳の自分といった年齢のときにどんな姿になっていたいかをイメージして、その姿に到達するための計画を立てて実行していく**「未来逆算」**をしておけばよかったです。結果として、幸運にも僕はいまは幸せな働き方ができているだけなのです。だから、**幸せな働き方を求める人たちには未来逆算で自分の将来を自分で切り開いてほしいと言いたいです。**そのために、「こういう幸せになれたらいいな」という姿を思い描くことからはじめてみてはどうでしょうか。

皆さんに未来逆算をすすめるのにはもう1つ理由があります。実際に、僕がお手伝いをしているベンチャー企業の代表で未来逆算から夢を実現した人がいるからです。大学卒業後の23歳のときに1社目の会社を起業し、そして連続起業の形でＨＲ Ｔｅｃｈベンチャーを創業し、30代前半のいま、事業は順調で、菅義偉首相が官房長官時代にベンチャーの経営者を招いた食事会にも参加した若手起業家です。そして30代半ばには上場が視野に入っています。彼の夢は「世界縁満」をミッションに、人が自分らしく輝くための世界一のプラットフォームをつくり、それを利用する人が幸せに働けることです。

彼を見ていると、未来逆算をしている人のほうが圧倒的に幸せな人生にたどり着く可能性が高いと思えます。現在の成功を掴むまで彼はかなり厳しい状況に何度も遭遇しているのですが、「世界一幸せな会社をつくる」ということで未来逆算をして、つくりたい会社に向けてやるべきことを実直にやり続けることで夢を実現させてきています。

何事も早め早めの準備が大切だということですが、50歳の僕だって、まだまだ将来に向けて、自分の可能性は広げていきたいと思っています。

50歳を過ぎても若手と同じフィールドに立ち、活躍している人がＪリーグ横浜ＦＣの三浦知良選手、カズさんです。２０２１年シーズンがはじまったときには54歳を迎え、現役で活躍しています。

現役のプロを40年近くも続けるなんて、サッカーの世界ではほとんどありえない話ですが、ひとえにこれは自分の可能性をサッカーというもので縦に拡張して行くことができているからなのでしょう。ただ、これはカズさんがものすごい才能を持っているからできることであって、他の人には大概無理です。

カズさんのような、飛び抜けて才能がない僕がやってきたのは、横の可能性です。僕はカズさんのように1人でできるものがない。それだから、できる人たちとの出会いを自らつくることで横の可能性を広げていきました。誰かと一緒にやることで、自分一人ではできない別のことができるようにやってきたんです。その時々に必要なことを求めて行動することで、新しい可能性を見つけてきました。1人ではできないことをみんなでやればできるようになる。逆に、何でも1人でやろうとしては可能性が拡張していきません。

これをいくつになっても続けることで感度が下がらない自分でいられるのです。僕もそのために30代の頃と同じように情報収集する習慣を変えていません。それは新しいスイーツや健康といった仕事に関係ないトレンド情報など、いま何が世間で話題になっているのか、若い人たちと会話が同じ目線でできるほど、情報への感度に磨きがかかっています。

仕事に必要な情報はグーグルアラートで自動収集していますし、人と話すときは最初に、「最近のトピックスは？」と必ず聞きます。話を発展させるためにですが、それと同時にその人がいま何に興味を持っているのかを一瞬にして知るためです。これだけでその人のセンスがわかります。

若い人に「最近のトピックスは？」と聞くとすぐに答えが返ってこないことが多いのですが、**僕は自分の関心事を常に意識するために、最近のトピックスを3つすぐに言えるように訓練することをルーティンにしています。**人に会うときのファーストトークは、最近のトピックスを聞くことからはじめるといいです。

## 感度を衰えさせないための情報収集の習慣

あと情報収集で大事にしていることが、自分の関心事にフォーカスして断片的に情報を取る習慣です。自分の前を通り過ぎる情報過多の現代では、大量の情報の波からいかに自分が必要なものだけをすくい取り、関係性の低い情報を受け流して拾わない習慣を身につけることがとても大切です。

まったく必要のない情報は誰でもすぐに拾わないと判断できるのですが、この現代スキルの肝は、関係性が少なからずある情報をいまは優先順位が低い情報としてすぐに判断して拾わないところにあります。


働く環境がさらに今後どうなるかわからないなかでは、いろいろなチャネルから情報収集できる方法を持っていることが強みになると思っています。そのために僕は、アンテナを立てることを日々の生活のうえで大事にしています。

情報源を多く持つうえで、玉石混交の情報があふれるなかにあっては、その情報を取捨選択する仕組みが大事です。

僕の場合はそれがSNSと知人からの情報で、仕事に使うものを中心に集めるようにしています。それというのも11社の顧問を引き受けていることでそれぞれの会社に必要な情報を峻別する必要があるからです。顧問先にとって重要な情報を集めるとなると、グーグルアラートのようなツールが頼りになります。

例えば、顧問先のPR会社の会議に出席するとなれば、グーグルアラートで「PR」「広報」「顧問先の企業名」「オンライン記者会見」などのキーワードをセットしておきます。こうして自動的に送られてくる情報を決まった時間に取捨選択し、アウトプットにつなげます。

これは人脈についても当てはまります。誰と出会っていくのか、どんな人と会っているのかが大事です。自分に必要な情報を上手にキャッチアップしていくのと同じように、自分らしい生き方や夢を実現することにつながる人と出会い、コミュニケーションすることが幸せに生きるうえでとても大事だと思います。僕にとっては、生き方の秘訣、生き方の道しるべともいえることです。

自分らしい生き方や夢を実現するための人脈づくりの方法を徹底的に磨き、実践し、貯める。これを繰り返していった結果、面白いネットワークを築くことができました。

## いくつになっても自分の可能性を拡張し続けよう!

**自分の可能性を拡張させようと思ったら、まずは思ったことを小さくやってみることがとても大事です。**コミュニティをつくるんだったら、まずは1人や2人からはじめてみることです。SNSでの情報発信でもとりあえず毎日1本上げることをはじめると、10日で10本になり、10日続けているうちにルーティンになる。ルーティンになれば加速度がつき、そこからの階段の上がり方は半端じゃありません。

新しいことをはじめるときに年齢を言い訳にする人がいますが、それはもう絶対やめたほうがいいです。だって、70歳まで働こうと思ったら、自分を新陳代謝することも必要だからです。新陳代謝するから古くはならないんです。

これからの日本では、自分の可能性の拡張をしてきた人と拡張してこなかった人で、70歳になったときの姿に大きな開きが出てくるような気がします。たぶん、皆さんは70歳の自分の姿をイメージするのが難しいと思います。50歳の僕自身がそうなのですから。それでも僕の夢として、南の島で友だちとコミュニティカフェのようなお店を経営していたいと思っています。

これからは65歳で、「はい、退職です」と言える人は少なくなっているはずです。それならば、モチベーションが上がるような働き方を考えたほうがいいはずです。自分の将来を不安がらずにワクワクしたほうがいいですし、ワクワクするための土台づくりをするためには仲間がいればはじめられやすくなります。何か新しいことをはじめるには、誰かに背中を押されてやるか、誰かが「一緒にやろう」と言い出すことが僕の経験では大半です。そういう人が身近にたくさんいれば、ワクワクするチャンスも広がります。

## 第5章　人脈づくりのポイント

□良質な人たちとの人脈を意識する。
□ギブアンドテイクのギバーの役割を演じていると、その恩恵を自分が受ける。
□価値観が同じ人が集まると自然と何かを生み出すエネルギーが湧いてくる。
□気づきというのは、往々にして雑談や会話から生じる。
□人と話しているうちに、ちょっとした言葉の端からひらめきが生まれたりする。そうした意味で、仕事との接点とは違った人たちとのサードプレイスでのコミュニケーションがものすごく大事になってくる。
□思ったことは行動に起こすことがとても大事。
□悩み事は仲のいい友人に相談するのがいちばんガス抜きになる。
□チャレンジできるうちはいくつもの価値観に触れ、多様な考えを経験するべき。
□価値観を拡張することはリスクに備えることにもなる。
□多様な価値観を経験するなかで大事なことは、その価値観がどうあれ、自分軸はぶれないようにすること。
□自分ブランドとは、他の人にはない自分らしさというもの。自分がこうありたいと思う人格になればすごく幸せに思える。そこに近づくことが、自分ブランディング。
□幸せに働く、幸せに生きるには究極的にはホンモノ人脈のなかに入ること。
□価値観が合う人とは、気持ちのうえでフラットな関係が保てる。
□人を大切にするには、人に関心を持たなくてはならない。
□仕事とは関係がない、さまざまな人たちの集まるようなところでのコミュニケーションは会社のなかの自分とは違うスタンスで会話ができるので、いろいろな気づきが得られる。

□人の出会いを提供することは、究極のギブ。

□「自分はこういうふうに生きたい」「性格に合わないことは無理にしない」「自分らしさが活かせる生き方をしてみたい」といったように、自分らしい生き方とは何かを早いうちから考えてみる。そこが見えてくれば、何をやるかも少しずつ見えてくる。

□幸せな働き方をするには、未来逆算で自分の将来を自分で切り開く意識を持つ。

□自分の関心事を常に意識するために、最近のトピックスを3つすぐに言えるように訓練することをルーティンにする。

□自分の可能性を拡張させようと思ったら、

---

まずは思ったことを小さくやってみることがとても大事。

## おわりに

私はいま、ある夢を持っています。40代50代はミドル世代と言われますが、この世代の人たちが安心してチャレンジできる社会をつくりたいのです。ミドル世代が今後さらに活躍できる場をつくるきっかけを最後のライフワークとして取り組みたいと考えています。

40代50代はまだまだ働き続ける世代です。定年が実質70歳に延長になるのですから、これから20年から30年は働き続けなくてはなりません。

しかしながら、そのための働き方や社会制度が何も決まっていません。ただ定年が延長になったというだけでは、ミドル世代はどうしたらいいのか不安になるのは当然のことです。

私の周りのミドル世代の人たちからはいろいろな話をお聞きしますが、ほとんどの人が自分の未来の姿を描けずにいます。年齢が重なれば、健康のことも気になります。体力的に以前のようには元気いっぱいに働けないことがわかっているのに、あと20年も30年もいまのように働くのかと思うと恐ろしささえ感じる人もいるほどです。

ミドル世代はこれから先、どう希望を抱いていいのか、わからない人が多いようなのです。

そうした人たちのためにセーフティネットであり、チャレンジできる環境をつくることが私がいま構想していることなのです。

ミドル世代だけではありません。いま20代や30代の、仕事で脂の乗った世代も10年後、20年後を考えたときに自分はどうなっているのかが見えないという声も聞きます。

そんな状況のなかでコロナ禍が襲いかかりました。飲食業や宿泊業、旅行業などの方々は需要の消滅をもろに受け、それまでの仕事を断念する人も多くいます。働く場所がなくなってしまった人たちは、それまでとは違った仕事に就かざるをえません。

幸いにしてコロナ不況の影響を直接受けなかった人たちも、徐々に働き方に変化を強いられるようになってきています。

そのひとつが副業です。大手企業が副業を解禁したというニュースが報じられるようになりましたが、それには違った環境で働く経験が本業に役立つとのポジティブな理由づけがなされています。もちろん、それは一理あると思いますが、私は働き手のメリットというよりも、企業側の論理が先に出ているのではと思ったりもします。

それというのも、定時帰宅の推奨などにより残業ができなくなった人たちへの副収入の勧めのように見えるからです。それまでの7割に目減りした給料の補填で副業をやらざるをえないという人の話を聞くとやっぱりそうなのかと思います。

自分が他にできることを増やすための副業、個人の意志から発動する副業という流れが大きくなるのならいいですが、現状ではまだネガティブな理由がどうしても付いてまわります。

副業が個人の可能性の開発であるなら、自分で副業先を見つけられないとダメだということです。

私の現在の仕事は11社の会社の顧問です。それこそ、副業のオンパレードのような働き方です。本業というものがありません。そんな私を見て、大丈夫ですかと聞く人がいます。そう言う人に私は、「これまでいくつもの会社でサラリーマンを務めてきましたが、いまの働き方が一番幸せです」と胸を張って答えています。なぜなら、自分が得意なことのみを徹底的に活かす働き方ができているからです。

僕がいま一番幸せだと思う働き方は、究極的には気心の知れた価値観の近しい人たちと自分の得意なことを活かして人から感謝してもらえる仕事を自分で回していけることです。その働き方に近づくために僕は自分で好きな仕事を選べるような状況をつくっていっています。

副業も、本業では大変なぶん、自分で自分のことをハンドリングして、人から感謝してもらえる仕事を選べるようなら、それは幸せな働き方のひとつだと思います。

リストラとか給与補填とかそんな文脈ではなく、自律的に自分が人から感謝してもらえる仕事を選択できるような副業であるなら、もっと広がっていってほしいと思います。

こうした環境で働けるようになるには、副業を肯定的に捉え、自分からチャレンジしていく意欲が必須条件です。そのための環境をつくって、現在ミドルの人たち、そしてミドル予備軍の人たちが幸せに働けるお手伝いができたら、僕も幸せだと考えています。

社団法人やコンソーシアム、またはミドルキャリア推進委員会のようなプラットフォームをイメージしているのですが、その場を踏み台にしてもらって、これまで頑張ってきた人たちがさらに意欲を持って働ける世の中をつくりたいのです。

組織のなかで頑張ってきた人たちはそれなりの実務能力を有しています。自分が携わってきた分野であれば、外に出てもその能力を発揮することは十分可能です。ただそれには、外の人脈を自ら広げていくことが必要です。

本書を刊行することが、そうした僕の夢をまたひとつ叶えてくれるために多くの人との新しい出会いを生むきっかけになれば、とても嬉しいチャレンジになります。

夢は声に出すことで実現するものです。

最後に、本書刊行にあたって次の方々には大変お世話になりました。

本書の出版のきっかけをつくってくれた、カーツメディアワークス代表村上さん。

編集に尽力してくれた、編集者でブックライターの根本さん。

円満な人付き合いのベースとなる、外でいつもポジティブでいられる土台をつくってくれている妻。
そして、僕とお付き合いをしてくれているすべてのアミーゴに、お礼を申し上げます。
ありがとうございます。
そして、これからもどうぞよろしくお願いいたします。

河上純二

2021年6月

MEMO

MEMO

## 河上純二（かわかみ じゅんじ）

1971年生まれ。中央大学法学部政治学科卒業。デジタルハリウッド本科クリエイティブ科卒業。1994年株式会社丸井入社。その後映像クリエイター・VJ活動を経て、1997年よりGateway Japan、PCCW Japanなど外資系企業にて新規WEBサービスの立ち上げにプロデューサーとして参画。その後、株式会社USENにて新規インターネットビジネスの立ち上げ及びインターネット事業部門責任者に従事。株式会社medibaにて新規モバイル事業立ち上げ責任者を経て、2011年8月から株式会社D2Cでコンシューマ事業部門長に従事。

2004年～2016年には、社外で共同オーナー制を用いたコミュニティー飲食店麻布十番「ギャラリーカフェバー縁縁」を立ち上げ、2000名を超えるコミュニティサロンを運営。

2017年10月に株式会社JYLINKを創業、代表取締役に就任。スタートアップ・ベンチャーを中心に企業の顧問・アドバイザーとして10社ほど経営に参画しIT業界の発展に従事。

経営者トークライブ番組「JJの部屋」、ミドル世代のライフスタイルを考えるFMラジオ番組「大人のミライ」パーソナリティ。グローバルITメディア「Ubergizmo」オフィシャルジャーナリスト。

Showcase主催「SmartPitch」、野村證券主催「VENTURE PITCH」、ZUUonline主催「NEXTユニコーン」などスタートアップピッチイベントのコメンテーター。

・ビジネスコンテスト、アプリコンテストなどの審査員歴：KBC慶応ビジネスコンテスト、NICT起業家甲子園、京大グローバルコンペティション、WRO-World RobotOlympiad、Device2Cloudコンテスト、AXELERATA PITCH EVENTなど
・スタートアップとVC、事業会社とのミートアップ「ゼロイチラボ」元主催
・全国小中高アプリ開発コンテスト「アプリ甲子園」元総合監督
・芝浦ハーバーラウンジ主催幹事（2014年～6周年 200回の交流イベントを実施、通算7000名様以上参加）
・音楽とビジネスネットワーキングという新たなコンセプト［en@PLUS TOKYO］主催幹事（延べ1500名以上参加）

・Facebookプロフィールページ（5000名以上のためアカウント2つあり）
河上 純二（Junji Kawakami）
https://www.facebook.com/junjikawakami/
河上 純二ツー
https://www.facebook.com/profile.php?id=100030539044840
・Linkedinプロフィールページ
https://www.linkedin.com/in/junjikawakami/
・個人HPプロフィールページ
https://jylink.jp/kawakami/

# 10年後に活きる人脈のつくり方

2021年6月20日　初版第1刷発行

著　者——河上 純二

発行者——張 士洛
発行所——日本能率協会マネジメントセンター
〒103-6009 東京都中央区日本橋2-7-1　東京日本橋タワー
TEL 03(6362)4339(編集)／03(6362)4558(販売)
FAX 03(3272)8128(編集)／03(3272)8127(販売)
https://www.jmam.co.jp/

装　丁———小口翔平＋奈良岡菜摘（tobufune）
本文DTP——株式会社森の印刷屋
編集協力——根本浩美（赤羽編集工房）
印刷所———広研印刷株式会社
製本所———株式会社三森製本所



ISBN 978-4-8207-2919-8　C2034
落丁・乱丁はおとりかえします。
PRINTED IN JAPAN